MICHEL
1970

MERY

LE PARADIS

TERRESTRE

PARIS
LIBRAIRIE NOUVELLE
BOULEVARD DES ITALIENS, 15

A. BOURDILLIAT ET Cie, ÉDITEURS

1860

LE PARADIS TERRESTRE

OUVRAGES DE M. MÉRY

EN VENTE A LA MÊME LIBRAIRIE

NAPOLÉON EN ITALIE, poëme, 1 vol. .... 5 fr.
MONSIEUR AUGUSTE, 1 vol. .... 3 fr.
LES DAMNÉS DE L'INDE, 1 vol. .... 1 fr.
LES AMANTS DU VÉSUVE, 1 vol. .... » 50 c.
MAITRE WOLFRAM, opéra-comique en un acte ..... » 50 c.

En préparation :

L'ADULTÈRE, roman inédit, 1 vol... .... 3 fr.

Paris — Imp. de la Librairie Nouvelle, A. Bourdilliat, 15, rue Breda.

MÉRY.

LE
PARADIS TERRESTRE

PARIS
LIBRAIRIE NOUVELLE
BOULEVARD DES ITALIENS, 15

A. BOURDILLIAT ET Cie, ÉDITEURS

La traduction et la reproduction sont réservées

1860

A MISS JULIA PARDOE

A LONDRES

Permettez-moi de vous dédier ce livre; c'est un souvenir bien modeste que je vous envoie de Paris, pour vous remercier de la bienveillance que vous avez eue pour mes romans indiens, dans la revue *the Critic*. La reconnaissance s'exerce comme elle peut, et sa plus belle largesse est un souvenir du cœur; c'est la seule monnaie des poëtes en France.

Vous connaissez l'Inde, et vous avez essayé

de me prouver que j'avais habité ces régions du grand soleil. Hélas! vos démonstrations ne m'ont pas converti. Je n'ai vu l'Inde et sa côte africaine que dans mes rêves de jeunesse. Les rêves ne coûtent rien. J'étais né pour les grands voyages, je me suis résigné aux courtes promenades. J'avais tout ce qu'il faut pour être un Tavernier ou un Levaillant, tout excepté un de ces beaux patrimoines de guinées qu'on éparpille sur les vagues de l'océan Indien, en échange de l'inépuisable richesse des émotions et des souvenirs. Une seule fois, j'ai cru toucher du doigt la réalité de mes rêves; le roi de l'Inde, l'illustre sir William Bentinck, que j'eus l'honneur de rencontrer au Louvre, chez le duc de Choiseul, mon ami, me fit les plus brillantes propositions, et les plus acceptables aussi, pour me décider à venir à Calcutta. Mon patrimoine était trouvé. Je me voyais déjà élevé sur la cime d'un éléphant, seul cheval que j'aime, lorsque la fatalité me précipita de nouveau sur le pavé du Nord. Une mort subite m'avait enlevé le noble sir William, mon protecteur.

Pleins de bienveillance comme vous, miss Julia, notre ambassadeur, M. de Lagrené et le savant et spirituel docteur Yvan, son compagnon de voyage, ont voulu me faire accroire que j'avais parfois réussi dans mes descriptions et mes paysages; je sais bien, moi, tout ce qui leur manque, et tout ce que j'aurais pu leur donner peut-être, si les modèles eussent posé devant le voyageur.

Avec mon humble dédicace, veuillez bien aussi recevoir l'expression inédite de ces regrets.

Votre bien affectueusement dévoué,

MÉRY.

PRÉFACE

Un homme sérieux me fit un jour l'honneur de sa visite : je le reçus avec le respect dû à son extérieur, et je l'invitai à s'asseoir.

Il planta sa canne dans un angle du salon, mit son chapeau sur sa canne, ses gants sur son chapeau, et s'assit !

Je l'interrogeai par un silence expressif dans son obstination.

Il respira pour éclaircir sa voix un peu altérée par une ascension de quatre étages, et me dit :

— Je suis monsieur de V... et je vais fonder une revue.

Je m'inclinai avec un respect mêlé d'étonnement, comme j'eusse fait devant Romulus s'il m'eût annoncé qu'il allait fonder une ville.

— Une revue ! répéta-t-il en soulignant le mot par un soupir ; c'est chose grave !

— Grave ! dis-je en écho.

— Et je viens vous demander un roman, pour la première livraison.

— A quel public destinez-vous cette revue ? demandai-je au fondateur.

— Au public, reprit-il ; y a-t-il plusieurs publics ?

— Je le crois, monsieur, lui dis-je ; il y a une foule de publics, et je voudrais connaître le vôtre, avant d'écrire mon roman.

— Ma foi, dit le fondateur, je ne m'attendais pas à votre question, et je suis fort embarrassé pour vous répondre. Veuillez bien me donner quelques éclaircissements.

— Volontiers, monsieur. Il y a d'abord le public qui demande au romancier un langage naturel. Exemple : *Ma femme quel est le quantième du mois ? — Nous tenons le 30. — C'est donc fin courant. — Oui, mon chou. — Eh ! bien, ma petite chatte, je vais visiter ma caisse, pour voir si les fonds sont faits. J'ai de fortes échéances, et je crains les huissiers et les protêts.*

— Mais j'aime assez cette simplicité naturelle dans le dialogue, dit le fondateur en aspirant une longue prise de tabac, par livraisons.

— Beaucoup de membres du public sont de votre avis, lui dis-je ; car j'ai entendu ce dialogue au théâtre, l'autre jour, et mes voisins ont tressailli d'admiration, en s'écriant : *Comme c'est ça ! comme c'est ça !*

— Eh bien ! je voudrais un roman écrit avec ce style naturel, reprit le fondateur.

— Eh bien! lui dis-je, je ne l'écrirai pas. Si j'allais au théâtre, et si j'achetais des romans pour entendre ou lire ce qu'on dit chez moi, je resterais chez moi, et j'économiserais mon argent; et il me semble que tout le monde doit raisonner ainsi. Le roman sans style, sans poésie, sans distinction, sans paysages, sans esprit, est un long commérage de portier.

— Alors, faites selon votre goût, me dit le fondateur... Voyons autre chose...

— Où voulez-vous que je place la scène de ce futur roman? demandai-je avec une candeur d'âge mûr.

— Oh! monsieur, à Paris, cela va sans dire; à Paris. Le succès est là. Il n'y a que deux titres à succès : *le Diable* et *Paris*.

— Je vais vous proposer, lui dis-je, un commencement de premier chapitre...

— L'action est à Paris? interrompit le fondateur.

— Oui, tout ce qu'il y a de plus Paris... Écoutez... *Par une belle soirée de septembre, deux hommes descendaient la rue de La Harpe; le plus âgé des deux paraissait quarante cinq ans; ses cheveux grisonnaient déjà, ce qui annonçait une existence tracassée. Sa figure n'avait rien de bien remarquable à première vue, mais en l'examinant avec attention, un observateur découvrait tous les signes pathologiques de l'astuce dans ses yeux, d'un vert mat, et dans la forme trop aquiline de son nez. Il portait, selon la mode de ce temps, un frac, couleur vert dragon, à collet haut, largement arrondi, et échancré en forme d'M sur ses deux limites; ajoutez à cela un gilet de basin blanc piqué, ouvert à deux battants, sous lequel se balançait une large clé de montre en cornaline, dont le rouge vif ressortait sur le pantalon de casimir jaune à côtes, et collant. Ses bottes cachaient le pantalon jusqu'à mi-jambe et sortaient de l'atelier du célèbre Sakoski. Son compagnon était un jeune homme de vingt-quatre ans, mis avec la dernière* élégance, et coiffé d'un superbe chapeau Bolivar. Sa figure fraîche et arrondie annonçait la bonté du cœur et la sérénité de l'âme; ses yeux bleus étaient pleins de franchise dans leur expression, et un sourire permanent, formé par une contraction douce et naturelle des joues et des lèvres, annonçait aussi qu'aucune souffrance physique et morale n'avait jamais atteint cette existence d'élite. A voir la familiarité qui régnait entre ces deux hommes, on devinait qu'aucune liaison de parenté n'existait entre eux, mais qu'une ancienne amitié les unissait étroitement malgré la différence des âges. Ils traversèrent le pont Saint-Michel, et parurent se diriger du côté de Notre-Dame; puis, tout à coup ils s'arrêtèrent devant un petit édifice de lugubre apparence, dont la porte était assiégée par une foule en haillons. Le plus âgé de ces deux personnages dit alors à l'autre : — VOILA LA MORGUE, et il entra précipitamment dans la tombe provisoire du suicide, en ajoutant : la malheureuse Célestine est là !

Le fondateur frissonnait, et me dit d'une voix émue :

— Continuez, c'est fort intéressant. Diable ! quel succès ! vous commencez par la Morgue ! Comment finirez-vous ?

— Je ne finirai pas, lui dis-je ; ce roman ne sera jamais fait.

— Quel dommage ! soupira mon interlocuteur.
Et réfléchissant, il ajouta :

— Si vous me donniez un roman historique ?

— Quelle époque ?

— A votre choix... le siècle de Louis XV, par exemple.

— Oh ! monsieur, lui dis-je, il est temps de laisser dormir en paix Louis XV, Lauzun, Mme de Pompadour, et l'éternel duc de Richelieu !

— Et que pensez-vous de Louis XIII, d'Anne d'Autriche, du cardinal Mazarin, de...

— Je pense, interrompis-je, que, depuis mon enfance, j'assiste à une longue histoire, et que les historiens qui la racontent n'étant jamais d'accord avec mes yeux qui l'ont vue, je ne me permettrai jamais de mettre en scène des personnages anciens et connus, de peur de les calomnier ou de les louer injustement. C'est un scrupule absurde, me direz-vous, j'en conviens; mais tout scrupule est respectable. Si les morts pouvaient sortir du tombeau, et faire des procès en calomnie aux romanciers et aux dramaturges vivants, il n'y aurait pas assez de juges à Berlin et à Paris. Je n'ai jamais fait de procès à personne; on m'en a fait trois que j'ai gagnés; eh bien! j'ai tellement incrustée au fond du cœur la haine des procès, des huissiers, des exploits, des réquisitoires, des papiers timbrés, qu'il me serait impossible de mettre en scène Messaline ou Néron, sous des traits odieux, de peur de voir, dans mon sommeil et mes songes, deux huissiers m'apportant un papyrus timbré, et deux préteurs m'appelant à leur prétoire pour me condamner à cent sesterces d'amende, et à deux ans de prison mamertine, comme atteint et convaincu d'avoir calomnié le frère de Britannicus et une femme vertueuse, la preuve testimoniale n'étant pas admise, selon le code Justinien. Les mauvais songes sont les plus intolérables de tous les supplices pour moi, et une série de procès fantastiques de ce genre me donnerait l'atroce caractère d'Hamlet.

Mon interlocuteur baissa la tête, ferma les yeux, ne comprit rien à ce paradoxe, et se résigna poliment.

— Aimez-vous les paradoxes? repris-je après un silence de deux instants.

Le fondateur fit une grimace singulière et ne répondit ni oui, ni non.

J'eus l'air d'avoir entendu oui, et j'ajoutai:

— Veuillez bien m'écouter, monsieur... En 1788, un an avant la révolution, Bernardin de Saint-Pierre publia une touchante idylle indienne, *Paul et Virginie*, et dans sa préface, il s'excusa de choisir un sujet qui n'était pas parisien... vous pouvez lire cette préface... un sujet emprunté à une légende des antipodes. Le public, disait-il, n'aime pas qu'on le dépayse ; il veut rester dans le faubourg Saint-Jacques ou Saint-Germain. L'Inde n'existe pas. Le globe est *la campagne*, Paris seul est une ville, disent les portiers, et les portiers ont plus d'influence qu'on ne croit sur les locataires leurs sujets.

Le fondateur soupira comme un homme tyrannisé par son portier.

Je poursuivis mon paradoxe :

— Depuis 1788, l'opinion émise par Bernardin de Saint-Pierre a toujours prévalu. Paris a eu le monopole de l'intérêt romanesque bourgeois. Avec Paris, on a fait des chefs-d'œuvre et des œuvres plates, à succès égal. Notez bien, en passant, que la province, toujours si ardente à demander la décentralisation, emploie sa vie à se prosterner devant Paris, qu'elle ne s'occupe que de Paris, et que, chaque matin et chaque soir, elle demande comment s'est levé Paris et comment il s'est couché. C'est la province surtout qui demande aux romanciers des romans qui commencent ainsi : *Par une belle soirée du mois d'octobre, deux hommes descendaient la rue Laharpe;* enfin, l'Angleterre a donné le sceptre de la royauté française du roman à un écrivain qui n'est jamais sorti de Paris, dans ses livres, à Paul de Kock. Aussi, Paul de Kock, romancier d'un vrai talent, j'en conviens tout haut, a trouvé encore beaucoup d'imitateurs dans la spécialité parisienne...

— Mais, interrompit le fondateur, vous m'aviez annoncé un paradoxe, et je ne le vois pas arriver.

— Je fais droit à votre impatience, repris-je ; j'arrive au paradoxe... deux chefs-d'œuvre, *le Voyage de Gulliver* et *Robinson Crusoë,* deux romans, l'un admirable de fantaisie, l'autre prodigieux de vérité, ont contribué puissamment à donner aux Anglais le goût et la passion des voyages lointains, des courses aventureuses, des colonisations indiennes. Robinson commence ainsi : *Je suis né à York...* Il est né à York, dit le cockney, et il ne vient pas à Londres, admirer la Tamise devant

London-Bridge! Il ose ne pas se soucier du dôme de Saint-Paul ; il s'embarque, et devient roi d'une île délicieuse, chaude en toute saison, pleine d'arbres, d'oiseaux et de gibier ! Et moi je passe ma vie à mourir de faim, ou à vivre d'abstinence, dans une ville froide, pluvieuse, grise, où le gaz joue le rôle de soleil, où les étoiles ne sont connues que de réputation, où la lune ne se montre qu'à Drury-Lane, dans un acte d'opéra ! Oh ! grand Robinson d'York, je veux faire comme toi ; je m'embarquerai sur le premier vaisseau qui partira pour le pays du soleil ; je veux être roi d'une île de chèvres, de cocotiers et de perroquets ; les parapluies me donnent le *spleen,* je veux voir les parasols de Robinson.

Mon interlocuteur daigna m'accorder un sourire ironique. Je lui demandai la permission d'allumer un cigare ; le cigare est la locomotive du paradoxe. Je poursuivis :

— Heureusement, Londres n'a pas de portiers ; ainsi le cockney ne trouve aucune opposition dans ses projets de voyages. Aucun portier ne peut lui dire : *qu'allez-vous faire à la campagne?* Le portier de Paris croit, et fait croire, que notre globe est composé d'une ville nommée Paris, et que le reste est la campagne. Vous allez à Calcutta : quinze jours après, un ami vient vous demander, et le concierge répond : Monsieur est à la campagne, et il continue son éternelle lecture des *Mystères de Paris*, la ville sans mystères. Le cockney s'embarque devant la Tour ; il arrive à l'île de Robinson, ou de Thomas Selkirk ; il fait connaissance avec le soleil ; il s'habille de coutil, se coiffe de paille, ne se chausse plus, se colonise, se marie, devient planteur ou nabab, avec une foule de Vendredis habillés en *grooms*. Les lettrés prennent la passion des voyages et des colonisations solaires en lisant les nombreux ouvrages publiés à Londres, avec des gravures merveilleuses : le *Java* de Raffles, orné de ses illustrations émouvantes ; l'*Inde anglaise*, panorama du Bengale ; les six in-folio de Sollwyns, ce monde du soleil, par livraisons, et cette foule de romans, de *novels*, de *travels*, de *reviews*, émaillés de dessins sans nombre, et tous consacrés à peindre ces lointains pays, où lord Cornwallis, sir William Bentinck, lord Ellenborough et tous les Robinsons de l'histoire ont fécondé les immenses jachères du soleil. Il y a trente ans que nous suons sang et eau, nous, Français, pour demander à l'Algérie une gerbe de froment pur et une feuille de tabac ! Personne ne veut être Robinson, même dans les rues de la Tixeranderie et de Saint-Pierre aux Bœufs !

A tous les cœurs bien nés que la patrie est chère !

personne ne veut avoir le *cœur mal né ;* la tragédie vient encore prêter son aide au roman parisien ; puis nous arrive la romance éplorée, musique de Romagnési :

> Adieu, charmant village,
> Je ne te verrai plus !
> . . . .
>
> Hameau, qui m'a vu naître,
> Je te fais mes adieux !
> . . . .

Bergère que j'adore,
Je te laisse mon cœur!

. . . .

Je pars, la mer profonde,
Peut-être dans son onde
Va m'engloutir!
O douce fiancée,
Je change de pensée,
Je ne veux pas partir,

et il ne part pas! et le portier approuve sa résolution; et ils lisent ensemble *les Mystères de Paris, les Bourgeois de Paris, les Drames de Paris, les Nuits de Paris, les Jours de Paris, les Amours de Paris, les Femmes de Paris, les Crimes de Paris, les Vertus de Paris*, et quelquefois peut-être un roman que j'ai écrit moi-même, dans *la Presse, un Mariage de Paris*. Les futurs colons de l'Angleterre, eux, ne connaissent aucune de ces romances larmoyantes qui retiennent Robinson *aux lieux où l'âme est enchaînée* ; ils ne savent par cœur qu'une chanson de marin : le plus heureux des hasards m'a fait connaître ce petit chef-d'œuvre; on le chantait en chœur, et on le chantait faux, selon l'usage anglais, à bord d'un navire, nommé *Eagle*, ancré devant la citadelle qui défend l'embouchure de la Mersey, à Liverpool. Le refrain donnera une idée de cette chanson, qui forme une si évidente antithèse avec les romances de Romagnési, et qui, à mon avis, du moins, en dit beaucoup plus sur les causes secrètes des émigrations fécondes et des colonisations lointaines, que tous les mémoires couronnés par l'Institut :

> Come all hands ahoy the anchor,
> From friends and relations we go ;
> Poll blubbers and cries, devil thank here !
> She'll soon another in tow.

Traduction libre :

> Venez tous, matelots, tirer l'ancre,
> Nous quittons nos amis et nos parents.
> Poll sanglotte et pleure, que le diable la remercie !
> Elle en prendra bientôt un autre à la remorque.

» C'est avec cette chanson que les Anglais, en

moins d'un siècle, ont colonisé la cinquième partie du monde, l'Australie, depuis la baie de Storm, jusqu'à la terre du Van Diemen, et depuis la terre d'Endract jusqu'au cap Byron.

» Certainement, cette manière de traiter cette malheureuse Poll n'est pas conforme à nos idées de galanterie française; nous ne traitons pas ainsi les fiancées dans nos romances de matelots; mais aussi nous ne colonisons rien, et nous nous laissons enlever les Indes, en 1799, en gardant nos fiancées villageoises.

» Les Anglais se souviennent de l'exemple donné par Bacchus; ce roi des dieux n'a conquis l'Inde qu'après avoir abandonné Ariadne, comme Thésée. Ariadne se consola bientôt probablement, et le vin de Constance fut créé par Bacchus, au cap de Bon-Espoir. »

Mon interlocuteur prit l'attitude d'un homme qui paraît réfléchir.

— La conclusion de ce paradoxe, me dit-il après

un silence, est que vous voulez me donner un roman comme *Héva, la Floride,* ou *la Guerre du Nizam.*

— Oui, vous l'avez deviné.

— Mais, reprit-il, je ne suis pas seul malheureusement ; j'ai des actionnaires, et voici l'article 5 de notre convention : « La Revue ne publiera que des romans intitulés : *le... la... ou les... de Paris.* » Voyez mon embarras.

— Eh bien ! monsieur, lui dis-je, pour ne pas vous désobliger, je vais vous écrire un roman intitulé : *les Choses de Paris.*

Mon interlocuteur me donna un sourire et accepta.

Le lendemain, je me rétractai, je n'écrivis pas *les Choses de Paris,* et je commençai, pour moi, dans l'intérêt de ma théorie paradoxale, un roman solaire, intitulé : *le Paradis terrestre,* pour donner un frère à *Héva,* qui a eu cinquante éditions, sans avoir le préambule : *Par une belle soirée d'automne.*

Si ce roman, *le Paradis terrestre*, ne donnait qu'un seul colon français à l'admirable colonie hollandaise du Port-Natal, le plus beau pays du monde, je me réjouirai de mon travail. Il n'a fallu qu'un seul Français à Lahore, mon ami le général Allard, pour populariser la France dans le Pendjâb, le royaume des Cinq-Rivières.

LE
PARADIS TERRESTRE

I

A bord.

Le 10 juin 1832, le vaisseau de la compagnie indienne, *Mersey*, voguant sur une mer unie comme une allée de jardin, côtoyait les atterrages de Port-Natal pour se rendre à Sainte-Lucie. Le soleil disparaissait à l'horizon du couchant, derrière une tenture diaphane de nuages d'or, et pas un souffle ne courait dans l'air. Les voiles et les flammes du navire étaient immobiles; le canal de Mozambique semblait avoir perdu ses brises et ses courants, ce qui contrariait beaucoup le capitaine ; mais les passagers étaient fort joyeux de suivre de l'œil tous les accidents de la côte d'Afrique, comme s'ils eussent descendu la Tamise, en paquebot, devant Greenwich et Gravesend. La comparaison était pourtant à l'avantage de la côte africaine. Rien d'aussi charmant au monde que ce long paysage que baigne l'Océan, depuis le Port-Natal jusqu'au Zanguebar.

Deux passagers, indolemment étendus sur la dunette, regardaient la côte voisine avec une insouciance qui annonçait chez eux l'habitude des voyages de mer et l'épuisement de la curiosité.

Le plus jeune des deux se nommait Liétor Adriacen.

Il jouissait, à vingt-cinq ans, du triste bénéfice de la vieillesse morale, celle qui a désenchanté l'esprit et n'a pas donné l'expérience. Sa naissance était mystérieuse, chose assez commune dans ces mers où les races européennes et indiennes se croisent et se quittent selon les caprices de la richesse et du désœuvrement. Liétor Adriacen ne connaissait son père que par un magnifique héritage éparpillé en piastres sur les plus riches comptoirs de Madras, de Batavia, de Cap-Town et de Ceylan. Il avait des coffres-forts disposés pour lui sur ces quatre points, et sa générosité créole ouvrait chaque jour de nouvelles brèches dans ses quatre mines d'or monnayé. Une éducation incomplète, la furie des voyages, la précoce jouissance de l'or, avaient donné à ce jeune homme un de ces caractères de hasard qui sont la négation de tous les caractères connus et classés par les observateurs. Bonne ou mauvaise, chacune de ses actions dépendait d'une influence extérieure et subite; il était esclave de tout et ne dominait rien; plein de charme et de grâce, d'ailleurs, dans toutes les relations indifférentes, dans toutes les circonstances où son amour-propre et ses caprices créoles n'étaient pas engagés. Sa figure avait cette mobilité perpétuelle d'expression assez commune chez beaucoup de voyageurs qui semblent avoir retenu et gravé sur les lignes du front et des joues un reflet de toutes les choses bizarres, de tous les hommes étranges, de tous les pays impossibles qu'ils ont vus en courant.

Son compagnon de voyage se nommait tout simplement Bernardin.

C'était un de ces hommes intelligents qui se font passer pour stupides et n'humilient personne; un de ces rêveurs de fortune, qui, partis d'un port de mer avec une pacotille équivoque et des lettres de crédit sans signature, ont couru les mers, se trouvant sans cesse à la veille de faire fortune, toujours ruinés le lendemain; toujours consolés par un projet superbe, orné, dans l'avenir, de millions inévitables.

Bernardin, en ce moment, était en train d'exploiter Liétor Adriacen qu'il avait rencontré à la ville du Cap.

A vingt-huit ans, Bernardin connaissait déjà bien les hommes, et, à force de sagacité, il savait tirer un profit quelconque d'une relation; mais se connaissant très-bien à fond lui-même aussi, chose rare chez les observateurs, et se méfiant des dangers qui résultent de la promptitude dans la parole, il s'était donné un défaut de prononciation; il bégayait, et aussi naturellement qu'un bègue de naissance. Muni de ce défaut salutaire, Bernardin écoutait son interlocuteur avec une attention en apparence distraite ; il étudiait sa pensée ; il prenait son temps en suspendant au bout de ses lèvres des syllabes démesurées, et quand il croyait avoir deviné le conseil qu'attendait l'interlocuteur, il lui donnait ce conseil, dans un suprême effort de bégayement. Bien plus ! Bernardin en se doutant de ce défaut oratoire, avait reconnu tout ce qu'il a de pénible et d'irritant pour l'oreille et les nerfs des auditeurs. Là, était l'écueil. En général, un homme adroit qui veut vivre d'expédients, ne peut exploiter que des natures et des organisations nerveuses. Il parut d'abord difficile à Bernardin de prolonger ses relations avec des créoles riches, s'il suspendait à chaque instant, sur leurs oreilles, des phrases tiraillées et irritantes ; mais au moyen d'un exercice non prévu par Démosthènes, et longtemps pratiqué devant un miroir, il inventa un bégayement gracieux et musical, adouci encore par l'expression charmante de la figure et la douceur d'un regard qui semblait demander grâce pour un défaut si naturel et si malheureux.

A quelques pas d'Adriacen et de Bernardin, deux

autres passagers suivaient tous les accidents de la côte du Natal avec une excellente lunette d'approche anglaise, et il y eut un moment où leur enthousiasme fût si vif, que Bernardin se leva et demanda par un geste clair et un bégayement confus, à prendre part au spectacle de la lunette d'approche, ce qui lui fut accordé tout de suite. Bernardin appuya l'instrument sur le bastingage, regarda, et agitant le bras gauche du côté de Liétor Adriacen, il lui fit signe de venir admirer à son tour.

Le jeune créole se leva avec lenteur, raidit ses bras pour secouer leur engourdissement, et parut obéir à l'invitation, comme désœuvré, mais non comme curieux. Bernardin lui céda sa place à l'observatoire en lui disant en trois temps :

— Re...gar...dez !

Les lentilles d'optique rapprochaient si bien la côte, que l'œil ne perdait rien du tableau : la main, en s'étendant, semblait pouvoir le toucher.

L'association de l'homme et de la nature n'a jamais rien créé d'aussi charmant.

Un cottage anglo-chinois remplissait le fond de

la perspective et attirait d'abord les regards, avec ses kiosques, ses balcons, ses belvédères, ruisselant de fleurs et de plantes fluides. Sur le perron, des jeunes filles de la plus belle race africaine travaillaient à des ouvrages de broderie ; un troupeau de bœufs de Madagascar animait les berges d'une petite rivière ; des massifs de verdure s'élevaient partout, inondés de lumière du côté du couchant, et déjà sombres comme les paysages de la nuit dans les vallons de l'Est.

Au bord de la mer, une jeune et belle femme était assise, dans tout l'abandon de la grâce créole, sous un baldaquin de lataniers, et elle écoutait, en souriant, un jeune homme qui cueillait de larges fleurs sur un buisson et les arrondissait en couronne. Auprès de ce groupe, un superbe éléphant noir jouait avec deux petits nègres, et, par intervalle, il allongeait sa trompe sur les épaules de la jeune femme pour recevoir une caresse de sa main.

Ce paysage resplendissait de l'irradiation primitive de l'âge d'or, et il était assez éloigné de la colonie de Port-Natal pour s'épanouir dans tout le calme de l'isolement, comme une oasis au désert.

Liétor Adriacen semblait avoir perdu son insouciance, et, grâce à la marche lente du navire, il pouvait suivre les moindres incidents de ce tableau en action. Dans le groupe voisin, un de ces passagers qui savent tout et sont les chroniques voyageuses, disait :

— Je connais très-bien la côte du Natal; j'ai vendu des écailles et du sang de dragon à la colonie du port. Voilà le cottage *Paradise-Natal*, c'est son nom. J'y ai passé quelques heures, le mois dernier, parce que j'avais des marchandises. On n'y reçoit jamais personne. Le propriétaire de ce domaine est fort riche : par un héritage, son oncle lui a laissé deux cent mille piastres qu'il avait gagnées en côte de Bornéo, dans le commerce de la poudre d'or. Le neveu n'a jamais rien fait de sa vie. C'est un vrai créole. Il vit seul, n'a point d'amis, ne parle qu'à ses noirs, et s'il ouvre sa porte, c'est pour recevoir quelque colporteur de la colonie du Natal. On le dit très-jaloux ; d'autres assurent qu'il a juré de vivre en ermite; d'autres encore m'ont affirmé que son oncle, par une clause de son testament, lui a défendu d'avoir un ami. La femme que vous avez vue près de lui est une jeune créole de Sumatra ; elle a vingt ans au plus. Je lui ai vendu des crêpes de Chine, un collier de perles et une parure en corail. J'ai la facture en portefeuille : cent vingt piastres. Je dois fournir traite sur M. Louis Saubet, un banquier marron de Port-Natal. C'est la manie des créoles riches ; ils ne payent jamais comptant. Tout leur argent est chez le banquier. Mauvais système ! très-mauvais !

Cette phraséologie bourgeoise du traficant avait quelque chose d'étrange devant ce paysage divin, qui résumait en ce moment toute la poésie de l'amour et du monde ; mais le jeune Liétor Adriacen parut l'écouter avec beaucoup d'attention, sans quitter son poste et la lunette. Longtemps après la dernière lueur du crépuscule, Adriacen se leva et dit à Bernardin :

— A-t-on vu quelque chose de plus beau que ce *Paradise-Natal ?*

— Ja...mais, répondit le compagnon en torturant ses lèvres, c'est sup...

—Perbe, acheva Liétor : oui... voilà enfin une chose qui m'a fait plaisir.

— A moi aus... si.

—Si ce cottage était à vendre, je l'achèterais tout de suite.

— Tout est... à... ven... dre...

— Oui, tu as raison, tout est à vendre ; c'est une question de prix.

—L'él... é...phant noir est... trrrès... beau.

— Oh ! je me soucie bien de l'éléphant noir !... As-tu bien vu la femme ?

—Ou...i..., plus be...lle... que l'él...é...phant.

—Que diable dis-tu là, imbécile ?

—C'est mon... déf... faut... de lan... gue...

— Oui, c'est ton défaut de langue qui te fait faire ces comparaisons ?... Vraiment Bernardin, si tu ne m'avais pas donné des preuves de ton dévouement dans des occasions difficiles, je t'aurais déjà débarqué dans quelque île déserte pour me débarrasser de toi. Tu m'énerves. A quoi te sert ton esprit si tu ne peux pas l'exprimer ?... Sais-tu qu'il est très-difficile de vivre avec un homme, lorsqu'on est obligé d'achever ses phrases à chaque instant ?

Bernardin prit une attitude suppliante et commença une syllabe d'excuse ; mais il ne put rien articuler. Liétor éprouva un léger mouvement de compassion et lui tendit la main.

— Écoute, lui dit-il d'un ton amical, connais-tu ce passager qui vient de nous parler si bêtement de son commerce, à propos de ce cottage du Natal ?

— Non..., ou... i...

— Comment, non et oui ?

— Si vous vou... lez que... je le...

Il fit des efforts inouïs pour achever sa phrase ; Liétor Adriacen l'acheva...

— Bien, si je veux que tu le connaisses, tu le connaîtras ?

Bernardin fit un signe affirmatif accompagné d'un sourire plein de candeur.

— Eh bien ! je veux que tu le connaisses...

Signe : — Je le connaîtrai.

— Devines-tu pourquoi ?

Bernardin leva les yeux au ciel, comme pour y chercher une idée qu'il avait déjà.

— Oui..., répondit-il ; je crois deviner.

(Nous supprimerons désormais les hésitations syllabiques du faux bégayement de Bernardin.)

— Alors, Bernardin, tu es bien intelligent !

— Moi, reprit Bernardin d'un air humble, je fais tous mes efforts pour être utile à mes amis. Si j'étais intelligent, je serais riche, et je n'ai pas le sou.

— Tu devines souvent ma pensée, Bernardin.

— Cela vient de l'habitude que j'ai de vivre avec vous.

— Maintenant, si je te laisse agir, que feras-tu ?

— Laissez-moi agir, vous serez content.

— Va ; tu m'as compris.

Bernardin se rapprocha nonchalamment du passager qui connaissait si bien la côte, lia conversation avec lui, et subit, avec une résignation exemplaire, un long discours sur le commerce de l'Inde.

— Sur les marchés indo-chinois, lui dit l'érudit passager, en finissant, voulez-vous traiter de bonnes affaires ? choisissez bien vos colis.

— Lesquels ?

— Ayez des cargaisons avantageuses, comme le

sucre de Manille et de Siam ; le poivre de Sumatra ; le riz en paille de Raugun ; des couffes de riz Benafouli ; l'indigo du Bengale ; l'étain de Malacca ; le café des Philippines ; le sucre de la presqu'île malaise. Voilà d'excellents articles. Vous pouvez encore vous approvisionner à Bocca-Tigris des meilleurs *samshous* chinois, à un franc, un franc cinq sous la jarre. Choisissez les meilleurs espèces, le *yang-tsiou*, par exemple ; c'est la liqueur la plus estimée, surtout celle qui se fabrique à Fuen-tcheu-Fou, dans la province de Chan-Si. Suivez mes conseils, vous ne vous en repentirez pas.

Bernardin bégaya des remercîments, et témoigna au passager le désir d'avoir quelques bonnes traites sur le Port-Natal, en échange d'or anglais. Ce service n'était pas de nature à subir un refus ; le passager Noël Bella d'Antibes ouvrit son portefeuille et offrit à Bernardin plusieurs traites, entre autres celle du cottage de *Paradise-Natal*, faible *broche* de cinq cent quatre-vingt-dix francs. Bernardin s'empara de celle-ci, comme au hasard du choix, et fit compter la somme en espèces par Liétor Adriacen, qu'il désigna comme son associé.

Une bonne brise s'éleva aux premières étoiles ; les passagers se retirèrent dans leurs cabines ; Liétor Adriacen serra la main de Bernardin, en lui disant :

— C'est très-bien ! maintenant, il faut aller jusqu'au bout.

Bernardin fit le signe de tête qui veut dire : Soyez tranquille, fiez-vous à moi.

II

Liétor et Bernardin.

Deux hommes intelligents peuvent économiser beaucoup de paroles et marcher ainsi plus aisément au succès d'une entreprise par le silence et la discrétion. Les paroles souvent comprometttent tout, quand trop d'oreilles entourent deux interlocuteurs.

Dans nos froides villes d'Europe, l'extrême richesse a trouvé un procédé fort ingénieux pour jouir, et ménager son or; elle convoite tout et n'achète rien, se contentant de se dire à elle-même, dans un monologue perpétuel : Si je voulais cela, il ne tient qu'à moi de l'acquérir ! Il y a dans cette privation systématique un plaisir réel, et non ruineux. On peut épouser cette jeune femme si belle et si pauvre, on reste célibataire ; on peut acheter ce somptueux équipage, on reste piéton ; on peut se donner ce palais, on reste locataire d'un appartement ; on peut acquérir ce château de plaisance, on reste citadin. On a donc économisé sa liberté par le célibat, et son or en ne rien achetant. La volupté que donnent ces abstinences successives l'emporte sur la volupté de la possession. Toute la vie se passe à dire, si je voulais ! On dirait je veux, si la mort avait un lendemain. La méthode doit être bonne et satisfaisante, puisque tant de gens l'ont suivie et la suivent ; tout ce qu'on vous donne en échange de l'or ne vaut jamais apparemment l'or déboursé. On garde l'or. Voilà le bonheur de beaucoup d'heureux.

Il y a, dans les races créoles, une autre façon d'entendre le bonheur ; est-elle meilleure ou pire ? Nous ne nous prononcerons pas. L'oisiveté, l'ennui, la solitude, le climat donnent à la richesse créole des passions extrêmes, recouvertes d'un vernis d'indolence, couche de cendre sur un tison. Ici, l'or n'est rien, l'échange est tout. La vue, la convoitise, la possession éclatent au même instant ; l'obstacle produit une irritation folle, et le retard d'une heure est la miniature de l'éternité. Toute minute qui n'amène pas sa joie est un siècle perdu ; tout lingot enfoui est un caillou brut ; toute veille qui attend un lendemain est une fièvre de langueur.

Le jeune Liétor Adriacen appartient à l'espèce de ces violentes natures créoles, idoines au bien comme au mal, selon les chances heureuses ou fatales de l'éducation.

Il a déjà connu, cherché, trouvé trop de choses, à un âge où les convoitises se réveillent ; il a déjà demandé à la vie plus qu'elle ne peut lui donner, car le bonheur humain est très-borné dans ses largesses, et l'or du Pérou ne saurait acheter le remède qui guérit la satiété. Le voilà voguant sur les mers, à la recherche de l'inconnu, tout prêt à le saisir d'une main et à le payer de l'autre; le prix ne sera pas marchandé.

A l'heure la plus charmante du jour un mirage

divin semble sortir des eaux calmes de l'Océan pour réjouir les passagers d'un navire ; la vision se matérialise, elle prend un corps, une âme, une poésie; le rêve de l'idéal a trouvé sa réalité ; c'est le bonheur qui se révèle avec la suavité primitive des enchantements de l'Eden. Le jeune créole Liétor, endormi dans son indifférence, se réveille devant ce tableau; il sent arriver au fond du cœur la secousse vive d'une émotion; il devine qu'il y a un avenir pour lui à exploiter sur ce rivage, soit qu'il veuille troubler ou s'approprier ce bonheur. Il a tant vu jusqu'à ce moment! et rien ne l'a ému; il a côtoyé les ruines superbes et mystérieuses de Java, les montagnes sculptées en pagodes, les forêts vierges des îles sauvages, les bazars resplendissant de toutes les couleurs de l'Asie, les marchés où se vendent les esclaves, les harems des sultans et des émirs, les palais des nababs suspendus sur le golfe des perles, les écueils où les roches se rougissent de corail, les montagnes où le soleil distille ses rayons dans les diamants ; il a vu tout ce qui étonne, sans jamais dire : C'est là qu'il faut jeter l'ancre ; et, cette fois, il veut s'arrêter enfin, parce qu'une larme impossible a mouillé sa paupière devant un paysage de la côte du Natal.

Tant qu'un rayon du jour ou le phosphore du crépuscule a éclairé la mer, le jeune créole n'a pas détourné ses yeux de ce paysage ; il a suivi avec intérêt la dégradation des teintes lumineuses sur la cime des arbres, le sable argenté de la côte, le creux recueilli des vallons ; et quand la nuit est venue, il a regardé longtemps encore l'étoile qui semblait marquer la place du site adorable qu'on ne voyait plus.

A côté de Liétor, un homme observait et ne perdait rien des mouvements ni même des pensées du jeune créole indien, son ami ou sa ressource, deux choses synonymes toujours dans les fortuites associations du riche et du ruiné.

Sur les mers indiennes, la beauté des nuits permet aux passagers de veiller ou de dormir sur le pont. Liétor s'assit au pied d'un mât, et faisant signe à Bernardin de prendre place à côté de lui, il lui dit :

— Nous dormirons quand le soleil se lèvera ; les

étoiles sont fraîches, veillons et causons à voix basse. Les mâts ont des oreilles sous leurs voiles.

— Il n'y a pas de *gabiers* ici, dit Bernardin ; les matelots sont à l'arrière. Nous sommes seuls, on peut parler. J'ai fait ma ronde.

— Tu as causé longtemps avec ce passager ?

— Oui, Noël Bella...

— C'est un niais, n'est-ce pas, Bernardin ?

— Un imbécile, oui.

— Tu l'as probablement questionné sur le cottage du Natal ?

— Oui ; ai-je eu tort ?

— Non pas, tu as eu raison, surtout si tu l'as questionné avec prudence.

— Oh ! je ne questionne jamais autrement !

— Et dans quel but l'as-tu questionné sur le cottage ?

— Par curiosité.

— Tu mens, Bernardin.

— C'est vrai, je mens... je l'ai questionné dans l'intention de vous être utile.

— A la bonne heure !

— Vous vouliez avoir sa traite de cinq cent quatre-vingt-dix francs, je l'ai compris; alors j'ai compris aussi que vous vouliez avoir davantage. L'habitude de vivre avec vous donne de l'intelligence.

Bernardin répétait souvent cette phrase à Liétor, avec de légères variantes.

— Voyons, dis-moi, qu'as-tu appris pour m'être utile ?

— Peu de chose... Ce Noël Bella parle une heure sur ce qui n'intéresse pas et une minute sur ce qui intéresse. Pour lui accrocher une bonne phrase, il faut avaler une cargaison d'indigo, de café, de riz, et quand il part, impossible de l'arrêter.

— Nous savons toujours le nom du propriétaire du cottage ? demanda Liétor.

— Son nom est sur la traite.

— Ah! c'est juste... je n'ai pas lu la traite.

— Il se nomme Maurice Saverny, un créole français, neveu du riche Lagnier que nous avons tous connu.

— Ah! c'est un Français, dit Liétor avec un sourire faux.

— Oui, reprit Bernardin, mais un Français d'occasion, un Français de hasard, pas dangereux du tout ; un Français paisible comme un Hollandais du Port-Natal ; un Français qui ne chasse pas, qui ne chante pas, qui ne danse pas, qui ne rit pas. Un Français élevé par deux Anglais. Oh ! si c'était un Français véritable, comme il y en a tant au Bengale, je ne vous conseillerais pas de le prendre pour ami.

— Ce diable de Bernardin ! dit Liétor en riant ; comment sais-tu que je veux le prendre pour ami ?

— Je me suis mal expliqué, mais je me comprends bien, reprit Bernardin avec une malice ingénieuse. Vous avez deviné que sa femme n'était pas sa vraie femme...

— Ah ! interrompit vivement Liétor, il n'est pas marié ?

— Pas plus que vous et moi... Cette femme que vous avez vue au cottage est une ancienne esclave.

— Que dis-tu là ! une ancienne esclave qui a vingt ans à peine !

— Eh bien! il y a vingt ans qu'elle est esclave ; elle est née dans la maison. Jeune comme femme, ancienne comme esclave, je me comprends très-bien.

— Et ce Maurice Saverny fait des présents de cent piastres à une esclave ? dit Liétor; pas possible! On t'a fait un conte indigo.

— Ah! vous ne connaissez donc pas les Français! Si vous saviez comme ils rient aux éclats de ce qu'ils appellent les préjugés créoles ! J'ai connu des Français qui ont épousé leurs esclaves.

— Bernardin, tu es un démon, je crois. Tout ce que tu me dis n'a pas l'ombre du sens commun, et pourtant cela me cause une émotion étrange.

— J'en suis ravi, monsieur, dit Bernardin avec une bonhomie charmante. Croyez-vous qu'il me soit agréable de vous voir dépérir d'ennui, à petit feu, à votre âge, avec votre esprit, votre fortune, vos talents !

— Mais, interrompit Liétor, si tu me trompes effrontément, tout exprès pour me donner une émotion, tu manques ton but; si tu m'amuses avec un songe, je serai furieux contre toi à mon réveil. Voyons, de qui tiens-tu tous ces détails sur le cottage ? Je te soupçonne d'invention. Est-ce réellement le passager Noël Bella qui t'a si bien instruit.

— Oui, monsieur Adriacen.

— C'est lui qui t'a dit que Maurice Saverny était un Français de hasard qui voulait épouser son esclave ?

— Il ne me l'a pas dit clairement, reprit Bernardin d'un ton ingénu, mais il me l'a fait comprendre.

— Sais-tu bien, Bernardin, que ma vie recommence aujourd'hui, que je viens de découvrir en moi une chose sérieuse, une passion peut-être, et que tes mensonges peuvent me tuer ?

— Vous m'avez déjà fait tout comprendre, reprit Bernardin ; l'habitude de vivre avec vous me...

— Oh ! je suis ennuyé d'entendre cette phrase ! interrompit Liétor ; contente-toi de la penser, mais ne la répète plus.

— Bon ! reprit Bernardin ; c'est fini. Laissez-moi faire. Nous entrerons dans *Paradise-Natal*.

— Ne perds pas la traite de cent vingt piastres.

— Elle est là, sous ma ceinture, clouée à quatre épingles. C'est mon passe-port pour entrer chez le créole jaloux. Vous voyez que j'ai bien navigué.

— Oui, mais il faut arriver au port, entends-tu, Bernardin ?

— Nous y arriverons, monsieur Adriacen.

— Maintenant, laisse-moi dormir jusqu'à Sainte-Lucie ; je vais faire un long rêve sur le *Paradise-Natal*.

— Et moi, je veillerai pour dresser mes plans.

— Bernardin, si nous réussissons, je ne serai pas ingrat.

— Oh ! je vous connais, monsieur Adriacen ; je suis bien pauvre, et j'ai besoin de la reconnaissance de mes amis.

— Tu as de l'esprit quand tu veux en avoir, Bernardin.

— Je voudrai souvent, monsieur Adriacen, si cela peut vous être utile.

— Bernardin, rends-moi heureux, je te rendrai riche.

— Vous prenez le rôle le plus facile, monsieur Adriacen ; c'est égal, j'essayerai.

Liétor s'endormit bientôt sur un amas de toiles goudronnées, et Bernardin s'achemina lentement vers l'arrière du vaisseau, s'adossa au cabestan, croisa les bras, et se plongea dans des réflexions brûlantes qui éloignèrent le sommeil jusqu'aux premières lueurs du jour.

III

Paradise-Natal.

Le cottage qui a reçu de son premier propriétaire anglais le nom de *Paradise-Natal* était devenu, sous le second possesseur Maurice Saverny, un véritable Eden.

On y respirait, aux heures brûlantes du jour, ce charme suave que donne la fraîcheur des arbres et des eaux des climats du soleil. L'habitation semblait faite d'un seul bloc de pierre rougeâtre, autour de laquelle régnait un double cordon de balustres en bois de santal, d'où se détachaient en saillie six kiosques à rideaux de crêpe nankin. L'intelligence du jeune colon avait ménagé, autour de cette demeure, un labyrinthe végétal de galeries, de salles, de corridors, de rotondes, de quinconces voûtés et murés par les larges feuilles de lataniers, embaumés par les fleurs des néfliers, des magnolias et des yangs ; arrosés par des ruisseaux, des fontaines, des cascades, dont les eaux vives coulaient dans une ombre charmante, comme la douce teinte du soir. Des milliers d'oiseaux libres avaient choisi ce palais de verdure pour leur volière naturelle, et rien n'était suave à l'oreille et au cœur comme ce concert de chantres invisibles, cette continuelle mélodie de l'air, unie au susurre des eaux et à la voix solennelle de la mer voisine, la voix de l'océan Indien.

Mais ces beaux arbres, ces fleurs du tropique, ces chants d'oiseaux, ces sources d'eaux vives, ces bruits d'Océan, toutes ces merveilles de la puissante nature africaine ne sont rien si une pensée d'amour ou de foi chrétienne ne leur donne pas une vie et une âme, la grâce et l'enchantement.

Dans le cadre de cette création vivaient un homme et une jeune femme que nous avons déjà entrevus un instant, lorsque le hasard d'une trop calme navigation livra les secrets intimes de *Paradise-Natal* aux passagers d'un vaisseau de Sainte-Lucie.

Au moment où nous sommes arrivés, le jeune colon et sa femme savourent la fraîcheur de ce crépuscule artificiel dans le vert labyrinthe, sous un soleil invisible qui brûle la cime des arbres et le toit de l'habitation. Maurice lit un ouvrage de Bernardin de Saint-Pierre, le *Voyage autour de l'île de France*, et, après un passage émouvant, la jeune femme interrompt la lecture, et dit à son mari :

— Voilà une description charmante, Maurice, je vois d'ici ce coin de rochers et de mers dont parle l'auteur. Comme cela est sauvage et riant! comme cela est recueilli! on aperçoit les coquillages et les fleurs marines au fond de cette eau transparente. Si nous avions quelque chose d'aussi charmant ici, je voudrais m'y baigner tous les soirs après le coucher du soleil.

— Elora, mon amie, dit Maurice avec tristesse, je ne te lirai plus rien.

— Et pourquoi, Maurice ? demanda la jeune femme avec un sourire qui éclata comme un rayon sous les ondes de ses cheveux d'or.

— Parce que je suis jaloux de tous tes désirs, répondit Maurice; parce que chaque lecture éveille en toi le goût des voyages; Elora, mon amie, crois-le bien, voyager c'est critiquer sa maison.

— Oh! quelle idée, Maurice ! mais tout le monde voyage !

— Tout le monde critique sa maison.

— Ainsi, Maurice, nous n'irons jamais là, vis-à-vis, voir cette île qui a un si doux nom, cette île de France où vécurent Paul et Virginie, où l'île Bourbon, qui, dit-on, est belle comme une île du Paradis ?

— Non, Elora, jamais... Sais-tu ce qui est beau dans le monde ? c'est le ciel, le soleil, l'Océan, notre maison et toi; tout le reste n'existe pas... Écoute, ma chère femme... tu m'as donnés un moment de tristesse... tristesse affreuse...

— Quel moment? interrompit avec émotion la jeune femme.

Elle se leva vivement, se rapprocha de son mari, serra ses mains, et une larme brilla dans ses beaux yeux de saphir velouté.

— Je vais te rappeler le moment, reprit Maurice : c'était le mois dernier, nous étions assis au bord de la mer, et tu me regardais, et je ne regardais que toi : c'était une soirée divine; mon cœur se fondait de délices, je craignais même de te parler, de peur de troubler par ma parole la joie ineffable de cet instant...

— Eh bien ? demanda la jeune femme, alarmée de l'interruption subite du discours de son mari.

— Attends... reprit Maurice avec un effort contenu. La mer était calme, comme le bassin de cette fontaine... un navire passa devant nous, mais si près du rivage qu'on pouvait lire son nom, écrit en lettres d'or sur la poupe... Tes yeux cessèrent de me regarder... moi, je te regardais toujours... Ta distraction fut bien longue; tu éprouvais une joie presque coupable à suivre de l'œil la marche lente de ce navire indien, tout rempli de voyageurs qui se rendaient à une terre inconnue; et moi, Elora, je souffrais beaucoup, parce que je devinais ta pensée; tu aurais voulu être du nombre de ces heureux passagers, et courir les hasards émouvants de leur voyage; tu aurais voulu suivre le vol de ce navire, soit qu'il s'arrête au cap d'Ambre, à la pointe de Madagascar, soit qu'il prolonge sa course jusqu'à Ceylan ou au Coromandel... Je te le dis encore avec tristesse, ma chère Elora, tu critiques ta maison, cette maison que j'ai pris soin de faire si charmante, afin que ta pensée n'osât désirer rien de mieux.

— Maurice, dit la jeune créole avec un de ces sourires féminins qui calment tous les orages, Maurice, tu as deviné ma pensée de ce jour-là, je te l'avoue avec franchise, mais quand je rêve un de ces voyages, c'est toujours avec toi, et ma main dans la tienne, que je veux le faire. Ce rêve ne me sépare jamais de mon mari.

— Oui, mon ange, dit Maurice, je te crois, mais ce rêve t'emporte au milieu d'un monde que je veux fuir. Un voyage te mêle à la foule et aux périls de la société, te livre à l'admiration des autres hommes,

et peut faire éclater dans ta jeune tête l'ivresse de
l'amour-propre, de la coquetterie et de l'orgueil...

— Je ne te comprends pas, dit Elora en appuyant
ses coudes d'ivoire sur ses genoux, et son menton
d'agate sur ses petites mains ouvertes, et en regardant son mari.

— Ah! tu ne comprends pas! reprit Maurice;
eh bien! cette langue que tu ne comprends pas aujourd'hui, les voyages te l'apprendraient trop vite,
et je veux que tu l'ignores toujours... Dis-moi, Elora,
quand la curiosité, qui est le sixième sens des
femmes, te laisse en repos, peux-tu désirer quelque
chose ici? peux-tu former un vœu? Je crois avoir
prévenu le moindre de tes caprices; je crois avoir
créé autour de toi un paradis terrestre; je l'ai embelli
de toutes les plus charmantes choses éparpillées sur
ce globe, et qu'on rencontre ici du premier coup
d'œil. J'ai mis dans un enclos toutes les merveilles
de Dieu, et je t'en ai fait don. Désirer davantage est
une faute première qui commence des doutes sur
la sérénité de mon avenir; c'est donner un premier
regard de convoitise au fruit de l'arbre du bien et du
mal; c'est offenser Dieu, c'est mériter l'exil.

Ce reproche était adressé à la jeune femme avec un accent d'une douceur angélique; Elora baissa les yeux, serra les mains de son mari, et prit une attitude si résignée que Maurice regretta de s'être montré si sévère, et crut devoir donner quelques explications, comme pour s'excuser d'un abus de puissance. Il y a des femmes si habiles dans une discussion d'intérieur, qu'elles paraissent se soumettre à un ordre tyrannique avec une docilité touchante, et cet ordre, qui aurait été maintenu devant une révolte, est bientôt révoqué devant le mensonge d'une soumission. Ces ingénieuses scènes, si bien jouées dans les hautes sphères de la civilisation conjugale, étaient inconnues dans le cottage de *Paradise-Natal*. La femme de Maurice était sincère dans sa soumission.

— Ma chère amie, ajouta le jeune créole, ce n'est pas un absurde caprice qui me fait parler ainsi. Tu sais que je dois ma fortune à mon oncle, un des hommes les plus vénérés parmi les plus sages planteurs du Bengale; mon oncle a éprouvé, dans sa vie, beaucoup de malheurs mystérieux qu'il m'a toujours cachés, et qui sont, me disait-il, héréditaires... Héréditaires ! je n'ai jamais compris que des malheurs fussent héréditaires comme des maladies; mais j'ai promis de suivre ses conseils pour éviter ces étranges malheurs. « Cher Maurice, m'a-t-il dit cent fois, et la dernière à son lit de mort, cher Maurice, je te laisse une belle fortune et une habitation délicieuse; je t'ai fiancé à une jeune fille élevée enfant auprès de moi, et qui ne connaît rien des choses de ce monde, comme si elle eût toujours vécu dans un désert. Je t'ai mis à l'abri du funeste besoin de fréquenter les villes et les hommes; je t'ai préparé le bonheur, je te le lègue. Ne compromets pas cet héritage et je meurs content, car il me semble que je serai heureux après ma mort... » Voilà ce que m'a dit cet excellent oncle; tu comprends, mon ange, que j'ai de graves devoirs à remplir, et que tu me viendras en aide pour seconder les intentions de l'homme généreux auquel nous devons notre bonheur.

Ces dernières paroles de Maurice donnèrent une vive émotion à la jeune et belle Elora. Deux larmes coulèrent sur ses joues, et cette réponse si expressive, quoique muette, combla de joie le mari.

Le son d'une cloche troubla la douce rêverie des deux époux; ce n'était pas l'heure où le domestique pourvoyeur revenait du Port-Natal, un étranger seul pouvait sonner à la porte de l'habitation, et ce bruit lointain, quand il se faisait entendre à certains moments du jour, causait toujours quelque émotion à Maurice et à sa femme. Deux petits chiens anglais, dont le courageux instincts était employé à la destruction des reptiles, se précipitèrent vers la porte, en poussant des cris aigus, et le nègre, qui s'avançait pour ouvrir, eut besoin de toute son autorité de concierge lorsqu'il fallut réprimer le zèle de ces gardiens trop vigilants, et introduire l'étranger.

IV

Le Serpent.

C'était un jeune homme d'une figure calme et douce, coiffé d'un large chapeau de Manille et vêtu de coutil; il portait, comme un colporteur, un ballot suspendu à l'extrémité d'un bâton, et les premières paroles qu'il prononça, avec une certaine difficulté d'organe, furent celles-ci :

— Monsieur Maurice ?

— C'est mon maître, dit le serviteur; que demande-t-on à mon maître ?

— Je veux lui parler... Il s'agit d'une affaire très-importante.

L'étranger déposa tranquillement son ballot, prit un foulard, et essuya son front et son visage inondés de sueur.

— Il fait horriblement chaud! ajouta-t-il, et il fallait une nécessité des plus graves pour m'obliger à faire route avec ce soleil enragé... Eh bien! tu ne m'as pas compris?

— Oui, j'ai compris, monsieur, mais on ne peut parler à mon maître, c'est impossible.

— Oh! pour moi, non, reprit l'étranger, ton maître me doit de l'argent, et un débiteur doit toujours recevoir son créancier, et puis j'espère bien me rafraîchir un peu; j'entends un bruit de fontaine qui me fait venir l'eau à la bouche; j'ai une soif de lion.

Le bégayement léger et le sourire qui accompagnaient ces paroles leur donnaient une certaine grâce qui produisit son effet sur le serviteur inexorable.

— Attendez un instant ici, dit-il, je vais prendre les ordres de mon maître.

Bernardin (car il est reconnu probablement) chercha un abri d'ombre, et s'assit pour attendre le retour du nègre.

Ces mots de civilisation, *débiteur* et *créancier*, firent tressaillir Maurice lorsqu'il les entendit résonner dans son paradis terrestre. Il se tourna vers sa femme, et lui dit, après une longue réflexion :

— Que faut-il faire ?

— Il faut voir, répondit timidement la jeune femme qui dissimulait le plaisir que lui causait un incident tout nouveau. Cette nuance de sensation échappa au mari.

— Un homme à qui je dois de l'argent ? dit-il en regardant la voûte des arbres, je ne dois rien à personne !... c'est mon banquier Louis Saubet qui paye tout pour moi.

Et s'adressant au domestique :

— Comment est-il cet étranger ? l'as-tu vu une autre fois ? est-il jeune ou vieux ?

— Je ne l'ai jamais vu, répondit le nègre, c'est un jeune homme qui a des cheveux roux et plats, et qui paraît très-fatigué de la route...

— Je crois bien ! interrompit la jeune femme avec

l'accent de la sensibilité, venir de si loin, en plein midi! ce n'est pas charitable de le laisser ainsi à la porte, sans lui offrir un verre de Constance...

— Tu as raison, dit Maurice, surtout si c'est un créancier, comme il dit... Xavier, va l'introduire, je l'attends...

Un éclair de satisfaction brilla sur le visage d'Elora : c'était la joie enfantine de la jeune fille au couvent, lorsqu'on lui ménage une distraction venue du dehors.

— Ah! je suis curieux, disait Maurice en marchant à grands pas, je suis curieux de voir cet homme et d'apprendre de quelle façon je lui dois de l'argent.

Précédé par le domestique, Bernardin parut bientôt, portant sur l'épaule son ballot de colporteur. Il salua respectueusement, et prit place sur un banc de gazon que lui désigna Maurice. Sans se douter de ce qu'elle faisait, la jeune femme jeta un rapide coup d'œil sur sa toilette de recluse, la rajusta du mieux qu'elle put, et passa ses deux mains sur ses beaux cheveux, pour leur donner de la symétrie. Le serpent entrait dans l'Eden.

— Monsieur, dit Bernardin avec une bonhomie charmante, vous allez tout comprendre au premier mot; hier, trente, jour d'échéance, je me suis présenté chez M. Louis Saubet, votre banquier à Port-Natal, et...

— Eh bien? demanda vivement Maurice alarmé.

— Excusez, dit Bernardin en mettant le bout de son doigt devant sa bouche, j'ai le malheur d'être bègue... et...

— Dites promptement, interrompit Maurice; qu'est-il arrivé à mon banquier?

— Il a suspendu ses payements, reprit Bernardin; la caisse est déserte.

Maurice éleva ses bras, joignit ses mains, et les laissa retomber lourdement.

Elora comprit qu'il y avait un malheur dans cette nouvelle, et sa figure prit une expression singulière; il semblait que la jeune femme n'était pas fâchée de faire connaissance avec une nouveauté, même avec cette chose inconnue qui se nommait un malheur.

— Je suis porteur d'une traite de cent piastres, ajouta Bernardin, et...

Maurice l'interrompit, car Bernardin avait l'air de ne pouvoir achever la phrase.

— Je sais, je sais, lui dit-il ; elle vous sera payée... pas aujourd'hui... je n'ai que très-peu d'argent chez moi... mon banquier payait toutes mes dépenses au Port-Natal... Je n'aime pas les soucis de la vie matérielle, et... Mais vous paraissez bien fatigué... vous avez peut-être besoin de repos... la chaleur est si forte aujourd'hui...

— Oh! oui, dit Bernardin, avec une expression des plus gracieuses dans le regard, je fais un métier bien rude pour gagner ma vie ; je cours la côte, avec mon ballot qui pèse soixante !... et on n'est pas toujours payé! (*Avec un soupir.*) Je ne dis pas cela pour vous, monsieur Maurice... mais, en trois mois, je me suis trouvé dans cinq faillites. C'est dur !

Tout cela était dit péniblement, mais avec un naturel parfait, qui provoquait la compassion. D'ailleurs, Maurice était encore trop naïf pour soupçonner les ruses de Bernardin.

La fierté du jeune créole était en ce moment humiliée devant un marchand nomade qui tenait entre

ses mains la plus terrible des armes, une créance !
Il fallait donc traiter cet homme d'égal à égal, et lui
donner toutes les satisfactions possibles, puisqu'on
lui refusait la meilleure, celle de l'argent.

Maurice conduisit lui-même Bernardin à l'habitation ; il l'installa dans une chambre où le confortable
anglo-indien avait épuisé toutes ses richesses caressantes, et lui donna un serviteur chargé d'obéir à
tous ses commandements.

Elora, restée seule, s'approcha du ballot de marchandises que Bernardin avait laissé sur son banc,
et l'examina d'abord avec une attention de curiosité ardente ; puis, elle essaya de sonder du bout
des doigts les mystères de convoitise qu'il renfermait sous ses boucles et son cuir. Une tentation
irritante, longtemps combattue, poussa les mains et
les conduisit plus loin, malgré les battements d'un
cœur qui désapprouvait les mains.

Une boucle s'ouvrit comme d'elle-même, et une
brèche indiscrète trahit un recoin de cette boîte de
Pandore égarée au désert. La jeune femme, ainsi
entraînée par ses instincts primitifs, vit luire un
mirage d'orfévrerie, et poindre des franges de tis-

sus pleins ne séduction. Elle en avait assez vu pour deviner quel trésor de richesses féminines était renfermé dans la grossière enveloppe du colporteur. Un soupir s'exhala de sa poitrine; elle fut saisie comme d'un remords, et, remettant la boucle dans son premier état, elle s'éloigna rapidement du ballot tentateur, mais pour le regarder de plus loin et le soustraire aux violences irrésistibles de ses mains.

Il y avait, en cette occasion, un double motif pour rendre à Bernardin les devoirs de l'hospitalité sainte; c'était un voyageur pauvre, et un créancier digne de respect. Tout en déplorant la fatalité qui lui imposait des obligations charitables, Maurice ne voulut pas faire les choses à demi; il se montra généreux comme un créole, généreux d'égards et d'attentions, du moins; c'était un à-compte moral.

Ici nous trouverons, dans la lettre suivante écrite par Bernardin à Liétor, de nouvelles explications qui complètent le commencement de cette histoire et éclaircissent ce qu'il peut y avoir d'obscur dans notre récit:

« Mon cher bienfaiteur,

» Depuis trois jours, je suis installé à *Paradise-Natal*. Vous voyez donc que tout a réussi jusqu'à présent.

» Vous savez déjà que mon opération a parfaitement marché avec Saubet; il a suivi mes conseils, je l'ai poussé dans une spéculation d'accaparement. Un peu avant l'échéance, j'ai provoqué sur la place une baisse de quatre piastres sur l'ivoire et les écailles; il lui fallait, fin courant, deux cent mille piastres pour payer ces différences; il a mieux aimé s'embarquer incognito, le 29, pour Cap-Town, et ne rien payer du tout. Au reste, cela n'a étonné personne; on est habitué à ces spéculations de *ventes à livrer;* c'est une manière de faire le commerce à coup sûr. Si on gagne, on prend; si on perd, on ne paye pas. Je connaissais cette méthode depuis longtemps; je ne l'ai jamais pratiquée pour mon compte, parce que le crédit m'a manqué. M. Saubet passait pour un honnête homme sur la place; tous les commerçants passent pour honnêtes, jusqu'à la première faillite. Suivez mon plan jusqu'au bout, et vous verrez que tout réussira comme Saubet.

» Voici maintenant les détails que vous attendez sur l'intérieur de *Paradise-Natal*. La femme est une créature adorable, et le mari a bien raison de l'emprisonner dans son paradis; on la lui volerait comme un diamant mal cousu. Je crois qu'il y a un secret indien pour faire arriver une femme à ce degré de perfection. Le père de celle-ci connaissait la recette, j'en suis sûr.

» Un Anglais, dit-on, a découvert le moyen de créer une femme belle comme Ève. Voici la marche à suivre : A l'âge de cinq ans, on prend une jeune fille qui a déjà des dispositions pour la grâce et la beauté, une Européenne de l'Inde, un produit de sang croisé, Nord et Midi. On la confie à deux jeunes et belles gouvernantes; on l'isole de toute société humaine. On lui donne pour jouets les splendides oiseaux de l'Asie; pour lit, les édredons veloutés de la Flore indienne; pour alcôve, les tentures des lataniers et des magnolias; pour baignoire, les golfes de corail et de perles : tout, dans les aspects, doit être pour ses yeux d'enfant rayon, verdure, grâce, splendeur, charme, azur, sérénité, joies de la terre et du ciel. Ainsi le corps, le visage, les yeux de la jeune fille sont comme le reflet de la nature extérieure; et, quand elle arrive à l'âge de femme, elle devient la vivante personnification de tout ce que l'univers renferme de gracieux, d'embaumé, de divin.

» Je viens, par cette digression qui a dû vous paraître oiseuse, de vous faire le portrait d'Elora, la femme de Maurice, le colon de *Paradise-Natal*.

» L'amour du mari ne ressemble nullement à une passion connue. J'ai vu, dans mes voyages, beaucoup d'hommes amoureux; ils ont des distractions, ils regardent autour d'eux, ils ont des amis, ils vont à la chasse, ils lisent des gazettes, ils montent à cheval; enfin, ils font tout ce qu'ils peuvent pour ne donner à la femme passionnément aimée que les heures sans emploi. Maurice appartient à une espèce conjugale non classée par les observateurs. C'est un mari phénomène, c'est un satellite qui fait sa révolution autour d'un astre; il ouvre ses yeux pour regarder sa femme, il marche pour accompagner sa femme, il parle pour amuser sa femme; il a toujours, dans ses regards, cette extase de curiosité béate qui anima le visage du premier homme devant le premier lever du soleil.

» Maurice subit à regret l'obligation de m'inviter à ses repas. Ma présence, comme convive, le gêne horriblement ; mais je n'ai pas l'air de m'en apercevoir. Je leur parle commerce ; le mari ne m'écoute pas, sa femme ne comprend pas un mot de ce que je dis, mais elle m'écoute avec plaisir, parce qu'elle entend de nouvelles choses et un nouveau son de voix. C'est beaucoup pour une femme primitive. Ève écouta un serpent.

» Après le repas du matin, je quitte les deux époux, comme si je me souciais fort peu de leur présence, je vais travailler avec les jardiniers, pour me donner les airs d'un homme actif qui cherche toujours à employer le temps, et redoute l'oisiveté, mère de tous les vices. Ces bonnes habitudes ont redoublé la confiance que le mari a mise en moi. Sa femme vient souvent assister à mes travaux d'horticulture, et quand elle m'interroge, je ne daigne jamais relever ma tête pour lui répondre : mes yeux restent toujours attachés sur mon travail.

» Hier, je faisais le semblant de chercher un outil de greffe dans mon ballot de colporteur, et la belle Elora suivait le mouvement de mes mains, avec l'attention minutieuse d'une sauvagesse des mers du Sud. Tout en cherchant, je déposais sur le gazon des liasses de bijoux qui allumaient des tisons de convoitise dans les yeux d'Elora. Une coiffure de grains de corail, entremêlés de petites perles, la frappa surtout vivement. Je m'y attendais. Sa jolie main ressentit des secousses électriques, et ramassa cette marchandise de pacotille, mais avec une sorte de respect, comme on ferait pour une relique. Sans me déranger de mon travail, je dis avec insouciance :

» — J'ai vendu la pareille à la fille de M. Van Sitt, le plus riche colon du Port-Natal.

» — *Very nice!* dit-elle en anglais, comme si elle se parlait à elle-même, et elle fit un signe à la jeune négresse, sa suivante.

» Celle-ci comprit tout de suite, et courant, avec l'agilité d'une biche, à l'habitation, elle en rapporta un miroir, et se mit à genoux devant sa maîtresse, comme un meuble à psyché.

» Elora distribua dans sa belle chevelure toutes

ces grappes de corail et de perles fines, et elle se trouva si jolie, qu'elle bondit de joie, comme un enfant, et courut à son mari pour se faire admirer. Maurice n'était pas éloigné, selon son usage : il cueillait des fleurs pour parer les cheveux de sa femme avec des ornements moins coûteux. Je les surveillais, du coin de l'œil, l'un et l'autre, et je n'eus pas besoin d'entendre leurs paroles pour comprendre le sens de leur conversation. Les gestes suffisaient. Maurice essayait de faire comprendre à la naïve Elora qu'il fallait beaucoup d'argent pour acheter cette parure, et que l'argent manquait, non-seulement pour faire de nouvelles emplettes, mais encore pour payer une ancienne dette au colporteur. Il la suppliait de faire ce sacrifice à la mauvaise position du moment, et lui offrait, en échange, des *stanhopeas oculatas*, de l'ivoire le plus pur, pour orner ses cheveux, qui se passaient d'ornements.

» La femme ne daignait pas regarder les fleurs ; elle était absorbée dans la contemplation des perles fines et du corail : un mouvement convulsif agitait ses mains; elle commençait à comprendre la signification de ces deux mots civilisés, *argent* et *dette*, et tout en se soumettant aux justes raisons de son mari, elle ne renonçait qu'avec un désespoir contenu à la parure du colporteur.

» Elora fit un violent effort pour prendre la détermination imposée par son mari, et marcha lentement vers moi, toujours les yeux fixés sur la parure, comme si elle lui eût adressé mentalement de tristes et déchirants adieux.

» — Eh bien ! lui dis-je, comment trouve-t-il cela, votre mari ?

» Elle poussa un soupir, et déposa la parure sur mon ballot ; puis elle répondit avec mélancolie :

» — Mon mari la trouve fort belle, mais il ne peut pas la payer ; nous sommes ruinés, dit-il ; cela veut dire que nous n'avons pas d'argent. Comprenez-vous ?

» — Oui, madame, repris-je ; mais on est ruiné un jour et on peut redevenir riche le lendemain.

» — Ah ! dit-elle en battant des mains, mon mari n'a pas ajouté cela.

» — C'est un oubli, madame ; moi, tel que vous me voyez, j'ai été ruiné trois fois dans ma vie.

» — Vraiment, monsieur?

» — Et j'espère bien, madame, me ruiner encore plusieurs fois. On ne fait que cela dans l'Inde. La richesse continuelle engendre l'ennui dans ces climats. Se ruiner est une émotion; redevenir riche, c'est la résurrection du bonheur. Quand on vit, on ne sent pas le prix de l'existence; on le sentirait avec délices, si, après la mort, on sortait du tombeau.

» — Comme c'est agréable à entendre ce que vous dites là! remarqua la jeune femme, en joignant les mains et en se rapprochant de moi; d'où vient que mon mari ne me dit jamais de ces choses?... Et croyez-vous que nous redeviendrons riches, monsieur le colporteur?

» — Certes, oui, je le crois, et je le crois si bien que je vous vends cette parure deux cents piastres payables quand vous serez riches.

» — Je la prends.

» Et sa main se précipita sur la parure, comme la griffe d'un tigre sur une proie. Maurice baissa la tête, haussa les épaules, croisa les bras, fit tous les gestes de la résignation consternée, et une caresse, pleine d'à-propos et de coquetterie, effleurant sa joue, comme un parfum de l'air, lui fit oublier l'étourderie de ce marché, où une dette nouvelle se contractait sans espoir de payement.

» Vous comprenez donc, mon cher bienfaiteur, que ma diplomatie a réussi et que notre position est bonne au *Paradise-Natal*; il leur serait difficile de m'en expulser. Ainsi, vos ordres sont exécutés en tout point. Vous connaissez, d'après mon rapport, l'intérieur du cottage, les mœurs des êtres qui l'habitent, et surtout la merveilleuse créature qui en est le plus bel ornement. Agissez, je vous seconderai toujours. Votre lettre de réponse arrivera dans trois jours au Port-Natal, et elle m'y trouvera. Je fais tous les soirs, après le coucher du soleil, une promenade à la colonie. Bon espoir! tout ira bien.

» Bernardin. »

V

Le Naufrage.

Cette lettre de Bernardin était impatiemment attendue par Liétor Adriacen. Nature ardente au désir, il aurait voulu d'un mot, d'un geste, d'une pensée pouvoir supprimer tous les obstacles qui l'empêchaient d'atteindre le but ambitionné.

Bernardin s'était imposé à lui et lui avait montré la ruine du banquier Saubet comme le moyen le plus sûr et en même temps un moyen infaillible de pénétrer dans le cottage de *Paradise-Natal*. Mais pendant les jours qu'avait nécessités cette opération commerciale, Liétor Adriacen avait vécu dans une fiévreuse anxiété. La nonchalance créole avait disparu et il s'attendait à toute minute à commencer le rôle actif qu'il s'était réservé.

La lettre de Bernardin mettait fin à toutes les angoisses du créole. Il la dévora bien plutôt qu'il ne la lut, et comme si l'heure de l'exécution était arrivée avec ce message, il courut au port et ne s'arrêta qu'en présence du merveilleux horizon que l'Océan déroulait en ce moment devant lui.

La mer calme et unie comme une glace déployait à l'infini son immense nappe d'azur. Quelques voiles apparaissaient çà et là dans le lointain comme des points blancs immobiles. Car les vents faisaient silence, et un calme effrayant de majesté et bien connu des navigateurs régnait dans toute la région des tropiques. Habitué dès l'enfance à tous les phénomènes de la mer, Liétor Adriacen s'arrêta donc dans sa course, comme frappé d'une inspiration subite. Il reprit la lettre de Bernardin jetée dans une des poches de sa veste de planteur et la relut avec la plus scrupuleuse attention.

Cette lettre demandait une réponse et Liétor revint à pas lents vers la ville pour en mesurer chaque mot. Un plan nouveau surgissait dans sa tête, un de ces plans que conçoivent seuls les hommes qui savent trouver en eux-mêmes toutes les ressources pour l'exécution et pour la réussite.

Liétor écrivit quelques mots à son confident ou à son complice, comme on voudra et, quelques minutes après, il s'endormait dans son hamac bercé par le plus doux de tous les rêves.

La réponse que Bernardin trouva au Port-Natal était ainsi conçue :

« Tout ce que tu as fait est bien. Si tu aides toujours ainsi la réussite, jamais roi obligé n'aura été plus reconnaissant que moi envers un ambassadeur heureux.

» Voici la saison des ouragans ; veille la nuit et sois prêt.

» Liétor. »

Bernardin était un de ces hommes qui comprennent tout ce qu'on ne leur dit pas et devinent même la réticence la plus obscure. Il médita les dernières lignes de ce billet, et son intelligence diabolique en devina le sens mystérieux.

Un soir, un peu avant le coucher du soleil, la chaleur était devenue intolérable sous les arbres de l'habitation. Pas un souffle d'air ne rafraîchissait une atmosphère de feu et de plomb ; pas une feuille ne tremblait aux branches ; on ne respirait plus.

Bernardin proposa une petite promenade du côté de la mer, où la brise du soir devait amener un peu de fraîcheur. Elora ne manqua pas d'approuver cet avis ; Maurice inclina la tête. On descendit de la terrasse, on s'achemina vers la mer.

Le soleil se couchait dans des vapeurs rouges ; l'horizon avait disparu sous des nuages crevassés et sombres ; un ciel livide et plombé donnait ses teintes lugubres à la mer. On entendait des bruits sourds au fond des abîmes, et pas un chant d'oiseau ne saluait le coucher du soleil dans les feuilles des arbres voisins.

Elora trouvait ce tableau magnifique ; elle s'assit

pour l'admirer plus à son aise, et les trois spectateurs de cette scène maritime gardèrent le silence. On parle peu ou on se tait en présence de l'Océan.

Bernardin, qui s'y prenait toujours fort adroitement pour provoquer un entretien sur le sujet favorable à son idée, attachait ses regards, avec un intérêt triste, sur un navire qu'on apercevait à peine dans la direction de Madagascar. Il était impossible de soupçonner un piége dans une attitude si naturelle au bord de la mer. Maurice rompit le premier le silence et dit :

— Voilà un vaisseau qui passera une bien mauvaise nuit.

— C'est ce que je pensais, remarqua Bernardin en secouant la tête.

— Regardez la mer, poursuivit Maurice, elle a de grosses rides ; c'est le vent du sud-est qui se lève bien loin. Nous aurons un ouragan cette nuit.

— Oh ! cela me fait frissonner ! dit Elora avec un mouvement convulsif.

— Monsieur Maurice, dit Bernardin, avez-vous vu des ouragans aux Antilles?

— Mon mari ne connaît pas ce pays, répondit la jeune femme.

— J'ai navigué de ce côté, moi, poursuivit Bernardin : j'ai fait même quelques bonnes affaires de colportage à la Guadeloupe et à Saint-Pierre. Eh bien! savez-vous ce que j'ai vu, dans une habitation à un mille de la mer, au pied des Mornes?

— Voyons, parlez vite, dit Elora.

— J'ai vu la poupe d'un vaisseau percer la fenêtre de cette habitation.

— Est-ce possible? dit la jeune femme en joignant ses petites mains.

— Plus que possible, c'est vrai; je vous le ferai lire dans le Journal des colonies.

— Alors c'est vrai, dit naïvement Elora.

— Vous figurez-vous, poursuivit Bernardin avec feu, vous figurez-vous un ouragan qui soulève un navire et le lance dans les terres comme une épave de huit onces! Jamais on n'a vu cela.

— Mon Dieu! dit la jeune femme en frissonnant,

si nous avions un ouragan comme celui-là cette nuit!

— Oh! mon ange, dit Maurice en prenant la main de sa femme, tranquillise-toi, les ouragans n'ont jamais lancé de navires dans les forêts du Zanguebar, et...

— Regardez, interrompit Elora, regardez comme la mer se fait noire après le coucher du soleil!... et comme elle se plaint, la mer, sans remuer encore !

— Le vent se lève, dit Maurice en regardant l'horizon... le vaisseau a mis toutes ses voiles.

— Dieu fasse qu'il arrive à Cap-Town à bon port! dit Elora.

— Il y a bien du chemin à faire! observa Maurice en secouant la tête.

— Oh! dit Bernardin, si le vent ne saute pas à l'ouest, il peut arriver en relâche, au Port-Natal, avant minuit.

En ce moment de larges gouttes d'eau tombèrent sur la mer et sur le sable, et on entendit un murmure sourd dans les arbres de l'habitation.

Bernardin resta immobile et regarda toujours le navire à l'horizon.

Elora prit le bras de son mari, en disant avec vivacité :

— Rentrons !

— Restez-vous ? demanda Maurice à Bernardin, qui ne bougeait pas.

— Mais je rentre aussi, dit le faux colporteur ; dans un quart d'heure le rivage ne sera pas tenable.

— Oui, mettons-nous à l'abri, dit Elora.

— Bien pensé, madame ! ajouta Bernardin.

Le crépuscule ne fut pas long ; la nuit tomba. Des nuages profonds voilèrent les splendides constellations de l'Inde et couvrirent d'éclairs la solitude de l'Océan. On entendait, vers le sud, ces gammes sourdes et intermittentes qui sont comme les essais du tonnerre, lorsqu'il se prépare à réveiller tous les échos de l'Océan avec sa formidable voix.

Tous les serviteurs étaient déjà rentrés et priaient Dieu dans la petite chapelle, où un vieux prêtre de propagande romaine venait célébrer l'office divin tous les jours de fête. On priait pour les pauvres voyageurs et les marins aventurés dans les déserts de l'Afrique et sur l'océan Indien. Elora mêla ses prières à celles de ses serviteurs, et recommanda surtout à la garde du ciel ce malheureux navire que l'ouragan allait surprendre au milieu des horreurs de la nuit et de la mer.

Le lugubre spectacle que l'ouragan donnait à la côte africaine avait éloigné le sommeil de tous les yeux. Elora, debout derrière les persiennes de son kiosque, savourait, avec une volupté fiévreuse, toutes les émotions de cette nuit; elle écoutait, en tressaillant de terreur, les plaintes stridentes des forêts bouleversées par la tempête, les mugissements de la mer, les éclats de la foudre, les cris sinistres des bêtes fauves, le fracas des torrents et des cataractes, tout cet épouvantable unisson d'harmonies qui semble la voix de l'univers expirant et fait douter du lendemain.

Tout à coup un bruit qui ne venait pas du ciel se fit entendre, clair et distinct, au milieu du fracas de la nature. Elora saisit vivement la main de son mari, et ses yeux lui dirent:

— Ecoute !

Maurice prêta l'oreille, et fit un signe affirmatif. Une détonation d'armes à feu venait de se faire entendre une seconde fois et elle avait été répétée par les échos de l'habitation et des collines.

Puis on n'entendit plus que la foudre, le vent et la mer.

— Mon Dieu ! mon Dieu ! s'écria la jeune femme ; j'ai bien entendu ! il y a là-bas des créatures de Dieu qui souffrent ?

— Il faut les secourir ! dit Maurice ; mais ne réveillons pas ces pauvres domestiques qui ont tant besoin de repos après leur travail du jour… Bernardin et moi nous suffirons à ce secours.

Maurice serra la main de sa femme et courut à la chambre de Bernardin, qui ne répondit pas aux trois premiers appels et se laissa supposer profondément endormi. Il parut enfin, dans une attitude de somnambule, regardant Maurice avec des yeux vitrés et l'interrogeant d'un air stupide.

— Venez avec moi, au nom du ciel, lui dit Maurice ; on a fait des appels de détresse du côté de la mer.

— Ah! fit Bernardin toujours endormi, quoique debout, vous avez entendu quelque chose?

— Oui, venez donc vite; il n'y a pas un instant à perdre.

— Je vous suis, je vous suis, reprit le faux colporteur, en se réveillant tout à fait avec beaucoup de naturel. Comme je dormais bien! ajouta-t-il dans un soupir.

Les deux hommes descendirent avec précipitation l'escalier, la terrasse, le petit sentier de la mer, et, à la lueur des éclairs continuels, ils cherchèrent sur la côte, ils visitèrent les criques, et Bernardin redisait à chaque instant :

— Nous ne trouverons rien; vous avez entendu faux; on se trompe toujours dans les ouragans... Comme je dormais bien!

Enfin, Maurice poussa un cri et montra un petit canot échoué sur le sable et presque tout brisé. Tout auprès un corps humain était étendu avec la raideur d'un cadavre.

— Oui, vous ne vous étiez pas trompé, dit Bernardin d'un ton de repentir.

Maurice écartait les cheveux collés sur le visage

du naufragé, et, plein de sollicitude, appuyait sa main sur la poitrine pour s'assurer si la vie était encore là.

— Oui, le cœur bat toujours! dit-il avec joie; cet homme n'est pas mort. Bernardin, attendez-moi ici une minute... Dans mon trouble j'ai oublié de prendre l'essentiel... Je cours à l'habitation.

Et Maurice disparut d'un bond.

Alors le naufragé se leva comme un mort qui ressuscite, et dit à Bernardin :

— C'est moi!

— Je vous attendais, répondit Bernardin, en s'inclinant avec respect.

Le faux naufragé reprit sa première position; Maurice arriva les mains pleines de flacons et de cordiaux; il prodigua des soins, fit respirer des sels, frotta les tempes avec du rhum et crut rendre la vie à un malheureux.

Lentement et avec beaucoup d'apparence d'efforts, le naufragé se leva, soutenu par Bernardin et Maurice, et il fut conduit à petits pas jusqu'à l'habitation, où les serviteurs et les maîtres lui donnèrent tous les soins de la plus touchante hospitalité.

VI

Un nouveau personnage.

On s'empressa dans toute la maison à donner des secours au jeune naufragé ; mais Bernardin ayant fait l'observation toute naturelle qu'il fallait du repos avant tout, chacun se retira, pour attendre, dans une veillée commune, le résultat de de ce repos, remède toujours bienfaisant, lorsque aucune blessure saignante n'exige le secours immédiat de l'art, Bernardin se *dévoua,* ainsi que tous le reconnurent, à passer la nuit entière auprès du lit du naufragé.

Quand ces deux hommes, ou ces deux démons, se trouvèrent seuls, porte close, et loin des oreilles et des yeux, Liétor se leva de toute la hauteur du torse, et serra les mains de son complice avec une énergie de reconnaissance assez rare chez les obligés d'un naturel pervers. Puis, décrochant de sa ceinture un petit portefeuille de fer plat, il l'ouvrit, en tira quatre billets anglais de mille livres, et les donnant à Bernardin :

— Tiens, lui dit-il ceci vaut mieux pour toi que ma reconnaissance ; la générosité d'un créole n'a jamais été si loin pour un service rendu. Continue, et je ne m'arrêterai pas.

— Je continuerai, dit Bernardin, en serrant dans une poche clandestine sa fortune improvisée, et sans témoigner extérieurement la moindre joie.

— Avec toi, poursuivit Liétor, les explications doivent être courtes. Ton intelligence a déjà compris ce que je vais te dire...

— Parfaitement compris, interrompit Bernardin : vous êtes parti de Port-Natal avec un canot, après le coucher du soleil ; vous avez tiré deux coups de carabine, vous vous êtes échoué, vous vous êtes noyé. Bien joué le jeu !

— C'est cela, dit Liétor..., mais il me semble que tu parles couramment ; tu ne bégayes donc plus ?

— Non, répondit Bernardin avec un sourire malin; le bégayement me gênait beaucoup ; votre générosité vient de me guérir de ce défaut; je n'en ai plus besoin.

— Ah ! tu voulais me tromper aussi, moi ?

— Oui, monsieur, mais c'était pour tromper les autres, à votre profit... Je rebégayerai demain.

— Ce diable de Bernardin !

— Laissons là nos titres, mon maître, et occupons-nous d'avancer encore vos affaires avant notre sommeil ; car j'ai besoin de dormir... Permettez-moi de vous quitter un instant.

Et, sans attendre la réponse de Liétor, Bernardin descendit dans la salle basse, avec son projet.

Il s'était composé une figure de circonstance qui aurait fait honneur à un peintre. A son entrée, les maîtres et les serviteurs se levèrent spontanément, et interrogèrent sans parler. Bernardin étendit vers eux ses mains, son regard imposa un silence rigoureux que personne n'interrompait.

Il se pencha sur l'oreille de Maurice, et lui dit :

— Il dort, mais la respiration est mauvaise. Je crains une lésion dans la poitrine ; il y a un poumon affecté. Le teint est jaune. Mauvais signe. Nous verrons demain.

— Mais, dit Maurice, nous avons d'excellents médecins à Port-Natal ; il faudrait partir avant le jour, conduire ici celui qui vous sera indiqué comme le plus expert, et...

— C'est une bonne idée ! interrompit naïvement Bernardin ; oui, comptez sur moi ; je descendrai à l'auberge du Cap ; tout y est fort cher, on y paye une mauvaise chambre trois *schellings* par jour, mais c'est égal, il ne faut pas chercher l'économie quand il s'agit de faire une bonne œuvre ; c'est l'auberge la plus respectable de la colonie, et son médecin en titre doit être le meilleur de tous les médecins ; c'est celui-là que je ramènerai.

Le bon Maurice serra les mains de Bernardin et versa quelques larmes d'attendrissement.

Bernardin essuya deux larmes absentes, et, saluant sans parler la jeune femme de Maurice, il s'éloigna lentement, le front incliné, comme un homme chargé d'une responsabilité grave pour le lendemain. Après avoir ouvert et fermé la porte de la chambre avec précaution, Bernardin raconta ce qu'il venait de faire dans la salle basse, et Liétor approuva d'un signe de tête et dit :

—Mon petit Bernardin, je ne t'ai pas assez récompensé !...

—On ne récompense jamais assez, dit Bernardin, c'est mon avis.

—Non, reprit Liétor d'un ton pénétré, tu ne sais pas tout le bien qui s'est opéré en moi depuis quelques jours, et en ce moment je puis dire que tu assistes à ma résurrection. Je ne vivais pas ; j'étais écrasé en marchant ; je portais le poids du soleil sur ma tête. Oh ! l'ennui ! l'ennui ! quel fléau mortel ! c'est le choléra du riche dans l'Inde ! Mon Dieu ! qu'il est malheureux de naître riche dans ce pays ! On épuise tout avant l'âge qui donne les plaisirs ! Et après, quel vide ! on ne trouve que de l'or ! le néant jaune ? le néant monnayé ! l'ennui du riche, c'est la vengeance du pauvre ; mais le pauvre se venge trop ! il est impitoyable ! l'ennui m'oblige à voler à un autre son bonheur ; si je ne résiste pas, il me tue : je suis dans le cas de légitime défense ; je veux vivre ! je vivrai !

— Voilà un raisonnement superbe ! dit Bernardin en déroulant une natte à côté du lit du faux naufragé ; mais comme nous avons du temps de reste pour raisonner, dormons, car il est fort tard, et j'ai demain une rude corvée. Il faut que j'oblige un homme à être médecin, comme dans la comédie, et que je le dresse comme un cheval de manége.

— Je présume, demanda Liétor, que tu as déjà cet homme sous la main ?

— Oh ! vous ne me prendrez jamais au dépourvu, soyez tranquille, j'ai un subrécargue provençal qui ressemblera à un médecin comme Hippocrate, lorsque je l'aurai habillé de noir de la tête aux pieds. Vous saurez que dans cette maison tout le monde est d'une candeur primitive, d'une naïveté d'âge d'or. Il ne faut pas faire de grands frais de comédie pour tromper ces gens-là. Un seul individu m'épouvante, moi qui ne connais la peur que de réputation...

— Ah ! interrompit Liétor, il y a ici un homme dangereux ?

— Ce n'est pas un homme, c'est Nabab, l'éléphant noir, l'épagneul de la belle Elora.

— Oh ! laisse-moi rire, fit le créole en éclatant au nez de Bernardin, qui eut toutes les peines du monde à arrêter cette hilarité.

— Oui, riez aujourd'hui, puisque cela vous fait plaisir, mais croyez ce que je vous dis. Ce n'est pas pour mon unique amusement que j'ai voyagé dans l'Inde, et j'ai su m'instruire quand j'ai dû chercher ma vie à Calcutta, à Madras, à l'île de Ceylan. Connaissez-vous ces pays ?

— Parbleu, si je les connais !

— Alors, vous avez dû y voir des éléphants, et l'on vous aura raconté plus d'une de leurs histoires. L'éléphant est le plus intelligent des animaux et souvent il pourrait en revendre à l'homme lui-même, fût-il le plus fin d'entre nous. Mais peut-être n'avez-vous jamais fait attention à tout cela. Dans tous les cas, prenez garde à Nabab.

— Quel conte bleu d'éléphant noir me fais-tu là ? dit Liétor.

— Vous verrez, vous verrez, reprit Bernardin ; je connais ces diables d'animaux, je les ai étudiés, non pas en Europe, où ils perdent toutes leurs facultés, mais ici, dans leur climat, dans leur pays, dans l'ombre, les bois et le soleil qui sont à eux. Méfiez-vous de Nabab ; je ne vous dis que cela, et bonne nuit ; dormons.

Liétor voyant qu'il n'y avait rien à répondre, ni rien de plus explicite à tirer de son complice, fit semblant de suivre son conseil.

De son côté, Bernardin s'étendit sur sa natte et s'endormit tout de suite, sans être agité un instant par sa nouvelle fortune et ses projets du lendemain. L'homme juste n'aurait pas mieux fait.

Cette voix mystérieuse qui nous réveille à l'heure obligée pour les affaires graves, arracha Bernardin à son sommeil, un peu avant l'aube. Il se leva, sans réveiller Liétor Adriacen, auquel la fatigue avait enfin donné le sommeil, et partit pour la colonie du Port-Natal. Il descendit à l'auberge du Cap, un peu après le lever du soleil. Il voulait suivre à la lettre le plan qu'il avait indiqué la veille à Maurice Saverny. Dans le cas, presque impossible, il est vrai, où la tentative de Liétor Adriacen viendrait à échouer, Bernardin se préparait déjà une planche de salut. Sa nouvelle fortune avait redoublé la prudence naturelle de l'aventurier, et s'il n'avait été mû par l'espérance fort naturelle de doubler ou de tripler rapidement son capital, peut-être aurait-il dès ce moment abandonné Liétor seul à la poursuite de ses mauvais desseins. Mais la possession d'un peu d'or ne fait chez les bandits qu'aiguillonner la cupidité.

A l'habitation, le médecin était impatiemment attendu.

Cet événement avait bouleversé toutes les habitudes de *Paradise-Natal*. Personne n'y dormait. La jeune Elora, jusqu'à ce moment bercée dans la somnolence monotone de son bonheur conjugal, se réveillait, avec un charme fiévreux, dans l'enivrement d'une émotion toute nouvelle. Ce n'était plus une aventure de mer inventée par un livre; elle avait assisté à un vrai naufrage; elle avait entendu des signaux de détresse; elle avait vu transporter un jeune homme évanoui dans son habitation hospitalière. Que de choses émouvantes passées en quelques heures ! et avec quelle joie la jeune femme raconterait cette histoire, si elle avait un auditeur !

Un incident allait encore se produire bientôt, l'arrivée du médecin. L'intérêt ne languissait pas. Il allait croissant, et sur ce chemin d'aventures imprévues où l'on se trouvait lancé, il promettait de ne plus s'arrêter. A quelle distance on se trouvait désormais de l'ancien isolement !

Le soleil trouva tout le monde sur pied, mais aucun bruit n'annonçait la présence de l'homme à l'oreille de Liétor, qui, lui aussi, n'avait donné que quelques instants au sommeil. Debout, derrière les persiennes de son kiosque, il admirait avec des extases inconnues le divin paysage, éclairé par la douce et tranquille lumière du soleil levant, et il devinait l'animation, la grâce, l'enchantement que la jeune et adorable créole pouvait ajouter à ce paradis africain.

A ses yeux aucun être vivant ne se montrait encore, et pourtant ce désert n'avait rien de triste. Il semblait que ces arbres, ces fleurs, ces eaux, tant de fois honorés des regards d'une femme céleste, avaient conservé ses sourires, sa grâce, ses parfums, et en étaient tout joyeux encore au lever du soleil. Liétor attendait toujours un autre lever bien plus splendide, et ses yeux perçaient toutes les avenues, toutes les éclaircies, tous les carrefours, tous les labyrinthes pour saisir au vol le premier rayon d'Elora, sous les ombres de ses jardins.

Elle parut enfin, et Liétor fut ébloui comme si une irradiation eût frappé soudainement ses yeux après les ténèbres. Elora remontait le sentier de la mer et précédait son mari de quelques pas ; elle portait une simple robe de coutil rayé ; ses longues tresses de cheveux encore humides du bain matinal l'enveloppaient comme une mantille d'or ; sa beauté resplendissait pure et fraîche sur le fond vert des feuilles de lataniers. Elora marchait d'un pas léger sur le velours des gazons, et pourtant le bruit imperceptible de son pas fut entendu.

Une masse informe qui ressemblait à un bloc de granit noir roula du haut de la ferme dans la direction d'Elora ; c'était Nabab, l'éléphant favori. Il saisit délicatement, avec un léger pli de sa trompe, un chapeau de paille, accroché à une feuille d'aloès, et vint l'offrir à sa belle maîtresse qui le remercia de cette attention, en caressant ses larges oreilles du bout de ses jolis doigts. Nabab, s'étant acquitté d'un devoir, se plaça derrière ses maîtres et les suivit lentement jusqu'à la terrasse de l'habitation, en explorant d'un œil oblique le kiosque où Liétor se croyait à l'abri de tout regard soupçonneux.

Au reste, absorbé comme il l'était par la contemplation d'Elora, Liétor Adriacen ne vit point ce regard méfiant du monstrueux quadrupède. S'il avait pu le surprendre au passage, il aurait frissonné de tous ses membres en se rappelant les paroles de Bernardin. On peut être fort brave pour affronter des périls connus et classés, et cependant trembler à la seule idée d'être saisi par une trompe d'éléphant capable de défier la plus puissante des forces humaines.

Peu de temps après, deux hommes parurent dans l'allée de la grille; c'étaient Bernardin et le docteur.

Maurice s'avança pour les recevoir et fit l'accueil le plus hospitalier à l'étranger vêtu de noir, dont l'air grave annonçait l'austère profession.

— Je vous présente le docteur Bellissen, ex-médecin du roi de Sicile, dit Bernardin à Maurice Saverny.

— Qu'il soit le bienvenu, répondit le maître de l'habitation.

Le faux docteur Bellissen s'inclina pompeusement et dit avec un accent qui pouvait passer pour sicilien :

— Vous avez là un bien beau domaine, monsieur Maurice ; ces ombrages sont vraiment très-beaux, et la vue est admirable. Est-ce vous qui avez été l'ordonnateur de toutes ces merveilles ?

— Non, monsieur. Cette terre me vient d'un héritage.

— Ah !

— Oui, d'un oncle dont j'étais l'unique neveu.

— Eh bien ! monsieur Maurice, je vous félicite bien sincèrement d'avoir eu un oncle pareil. Tout le monde n'a pas de semblables bonheurs. Il avait un goût parfait. On chercherait vainement par toute la côte un site qui vaille celui-ci pour y asseoir une habitation. Vous pouvez vous en rapporter à moi. Je suis obligé, par ma profession, d'aller un peu de tout côté. Un médecin se doit à quiconque l'appelle. Je n'ai vu nulle part rien d'aussi beau que ceci.

Le faux docteur Bellissen parlait ainsi avec une volubilité qui pouvait passer pour fort naturelle, tout en marchant à petits pas dans l'avenue qui conduisait à l'habitation. Il est de bon goût parmi les médecins de ne déployer leur science que devant le lit des malades.

Bernardin avait fait cette remarque et il avait recommandé au subrécargue provençal dont il avait fait un nouveau complice de suivre fidèlement cette tradition.

Cet homme ne demandait pas mieux. Ces banalités de conversation lui convenaient à merveille, et il aurait continué sur ce ton même en franchissant les degrés du péristyle, sans donner à Maurice le temps de lui répondre, si un obstacle imprévu ne lui avait tout d'un coup barré le chemin.

Le faux docteur recula vivement comme si une couleuvre l'eût piqué au talon.

Nabab était venu, en suivant une allée latérale, se placer devant le docteur et le regardait fixement

— Oh! dit Maurice en riant, n'ayez pas peur de ce bon Nabab; c'est notre éléphant domestique; il est doux comme un chien.

Et s'adressant à l'animal, Maurice ajouta:

— Allons, Nabab, laisse-nous; va jouer avec les enfants; ils te donneront des cannes à sucre. On n'a pas besoin de toi ici.

L'ordre était formel, il fallait obéir. Nabab tourna lentement sur lui-même, lança deux coups d'œil très-expressifs, l'un plein de méfiance au docteur, l'autre plein de compassion à Maurice, et il se dirigea vers la ferme, en ravageant avec sa trompe les hautes herbes du sentier.

Le docteur respira plus librement.

— Oui, j'aime mieux le voir à distance, dit Bernardin avec un sourire sérieux: je n'ai jamais aimé ces animaux.

— Nous allons vous conduire chez notre malade, dit Maurice au docteur.

— Je vous suis, dit le docteur.

— Allons! reprit Bernardin, l'œil toujours fixé sur Nabab, qui s'enfonçait lentement et comme à regret dans le labyrinthe.

Liétor avait quitté le kiosque, et il attendait sur son lit la visite du docteur.

— Nous allons vous donner du jour, docteur, dit Maurice en entrant.

— Non, dit le docteur en arrêtant Maurice, — j'y vois clair parfaitement, ne dérangez rien.

Et s'approchant du lit, il tâta le pouls de Liétor, écouta sa respiration, toucha légèrement sa poitrine nue et son front, et se retournant vers Maurice et Bernardin, il fit cette contraction de visage qui veut dire : Il y a du danger, cet homme n'est pas bien.

Puis se penchant vers Liétor, il dit:

— Comment avez-vous passé la nuit?... Assez mal... Où souffrez-vous?... A la poitrine, dit-il... Respirez-vous facilement?... Non... Il ne respire pas facilement... La lésion est intérieure... C'est la plus dangereuse... L'épiderme est intact... tant pis!.. Je crains un abcès... la fièvre est aiguë... On ne peut rien dire encore aujourd'hui... nous verrons demain... Donnez-moi une plume, de l'encre et du papier... Veuillez bien écrire sous ma dictée... J'ai une entorse à la main droite... Écrivez... Diète absolue... Repos absolu... Que personne ne lui parle... On appliquera de trois en trois heures, sur la poitrine, des linges imbibés d'huile camphrée... Toutes les heures on lui fera boire une infusion d'yapana et de fleurs de nénufar... C'est souverain pour les lésions intérieures... J'ai guéri de cette façon le prince de Catane qui s'était fracassé la poitrine en tombant de cheval.

Bernardin écrivait toutes ces paroles du docteur. Tous les remèdes prescrits sont à la portée de toutes les mains dans les régions tropicales. La cuisine et l'office de toute maison bien tenue peut toujours servir de laboratoire de pharmacien.

Et se retournant vers Liétor, le docteur poursuivit ainsi :

— Allons, mon ami, bon courage, ce ne sera rien, tout nous le fait espérer.

Maurice, enchanté de ce docteur, l'accompagna jusqu'à la grille de l'habitation et le quitta en lui disant:

— A demain.

VIII

La confidence.

Dans la maison il se passait une autre scène qui aurait épouvanté tous les anciens et paisibles habitants de ce cottage s'ils avaient pu en être les témoins.

Après le départ de Maurice et de Bellissen, Liétor se dressa sur son lit, et croisant les bras sur sa poitrine, il dit à Bernardin :

— Vraiment, tu es fou de me conduire ici un docteur que tu as dressé comme une perruche et qui va me clouer quinze jours sur un lit, avec la diète et les potions de nénufar!

— Ah! dit Bernardin, si vous voulez suivre les conseils de votre tête, je vous donne ma démission de conseiller. Savez-vous bien que la réussite ne s'achète que fort cher et au prix du sacrifice de vos habitudes? Savez-vous bien qu'on échoue toujours par trop d'empressement à vouloir réussir? Si vous sortiez aujourd'hui de votre chambre pour commencer le siége de la belle Elora, votre naufrage ressemblerait à une mauvaise ruse de guerre, tandis que vous ressemblerez à un naufragé naturel, si vous savez attendre huit jours. Vous vous êtes ennuyé toute votre vie, dites-vous; eh bien! sachez vous ennuyer une semaine de plus et mon plan de réussite sera infaillible.

— C'est bien long.

— Vous craignez, dites-vous la diète et les potions de nénufar, et vous avez raison; mais j'ai prévu tout, moi. Je me suis pourvu de provisions, j'ai même sous clef ici du vin de Constance. Ce n'est pas pour rien que je suis venu m'installer dans la maison avant vous. J'ai su mettre le temps à profit.

Vous ferez bonne chère, soyez tranquille ; et grâce à cette pâleur nerveuse qui est le teint de votre visage, vous aurez toujours l'air d'un convalescent après huit bonnes nuits de festins secrets. Laissez-vous guider aveuglément, et je réponds de tout.

Liétor répondit par un sourire d'approbation, et tendit la main à son Mentor, qui ne la prit pas ; l'esclave venait de passer maître, la domination changeait de côté.

Le plan de Bernardin fut suivi jusqu'au bout, et très-minutieusement dans ses détails les plus raffinés. La chose vraie n'eût pas marché autrement, et les plus exacts observateurs des actes de la vie humaine n'auraient pu soupçonner la fraude, dans cette marche régulière où ne perçait aucune trace de précipitation étourdie. Mais chose étonnante pour nous Européens positifs, l'ingénieux arrangeur de ce plan, le conseiller Bernardin, prenait tout ce luxe de précautions bien plus pour se défendre contre l'intelligence de l'éléphant Nabab, que contre les maîtres de la maison. Ainsi Bernardin, qui avait obtenu de Liétor une reclusion forcée de huit jours, obtint de lui encore, à force de logique transcendante, une semaine supplémentaire, ce qui était le comble de l'art.

Nabab effrayait Bernardin qui, parti d'Europe pour chercher une fortune dans ce que nous appelons d'une façon générale les Indes, avait successivement pris terre dans toutes les villes où les Européens trouvent généralement à utiliser leur civilisation. Il avait vu à l'œuvre les éléphants domestiques et il avait entendu raconter bien des histoires sur les éléphants qui vivent dans les bois à l'état sauvage, disent les naturalistes d'Europe, mais non pas les observateurs indiens. Bernardin savait à quoi s'en tenir sur la sagacité de ces derniers et il continuait à redouter les éléphants, et Nabab en particulier.

Au reste, pour un homme rusé, fin et circonspect comme l'était Bernardin, l'attitude de Nabab avait bien quelque chose d'effrayant. Depuis le naufrage, Bernardin ne quittait guère Liétor. Cependant il lui arrivait parfois de descendre quelques minutes au jardin et si alors il rencontrait l'éléphant de la belle Elora, Nabab s'arrêtait soudain et ne se gênait pas pour laisser voir sa colère et son mécontentement.

On ne pouvait s'y tromper.

Aussi Maurice avait-il fini par s'apercevoir de cette attitude hostile de l'éléphant et, dans sa naïveté, il l'attribuait à la haine instinctive de l'animal domestique pour tout ce qui est étranger à l'habitation. Mais cette explication n'était pas de celles qui auraient pu satisfaire Bernardin et il aurait volontiers donné la moitié de la fortune nouvelle promise par Liétor, pour que Nabab fût éloigné du cottage de *Paradise-Natal*.

Les quinze jours expirés, l'habitation prit un air de fête pour célébrer la convalescence de Liétor. Le docteur avait solennellement déclaré que ses visites étaient désormais devenues inutiles, toute trace de danger ayant disparu et le malade n'ayant plus qu'à réparer ses forces pour reprendre son genre de vie habituelle. Elora et les serviteurs attendaient, avec une curiosité chaque jour plus ardente, l'apparition de ce jeune homme qui les avait tous inressés si vivement pendant une quinzaine séculaire. Il descendit à la salle du festin, et remercia d'abord serviteurs et maîtres dans un langage simple et touchant. Elora le fit asseoir à son côté pendant que Bernardin allait et venait donnant des ordres hygiéniques pour assainir la salle et supprimer les courants d'air. Elora était radieuse de joie enfantine, elle devenait l'héroïne d'une aventure presque romanesque, elle sortait de l'existence morte, elle vivait.

Ce moment inévitable arriva, moment sollicité par tous les désirs des convives, celui du récit : depuis le Troyen Énée jusqu'à l'obscur naufragé d'hier, ce récit n'a jamais manqué un festin hospitalier. Bernardin avait rédigé l'histoire de ce naufrage, et Liétor devait la raconter de souvenir, avec toutes les indications et les nuances indiquées par l'habile mentor.

Elora, frémissante de bonheur, appuya son coude nu sur la table, son menton sur sa petite main, et ses yeux charmants, fixés sur Liétor, lui dirent :

— Commencez, j'écoute.

Liétor fit glisser un instant ses doigts dans les boucles rudes de ses cheveux noirs, et d'une voix timide, il parla ainsi :

— Nous sommes partis de Mayotte, où je voulais fonder une grande plantation, avec l'aide des travailleurs sakalaves de Madagascar; notre navire, le

Ruyter, de Rotterdam, poussé par une bonne brise de nord-nord-ouest, filait dix nœuds. Nous étions onze passagers en destination pour le Cap; notre traversée dans le canal de Mozambique a été fort heureuse, quoique la saison ne fût pas bonne. C'est le grand tort que nous avons eu de nous embarquer à une époque de l'année où l'on a toujours beaucoup de chances mauvaises à subir. Mais l'homme ne fait pas ce qu'il veut, et le plus souvent il doit courber la tête devant des circonstances impérieuses. Nous avons fait relâche dans la baie Saint-Augustin pour prendre de l'eau fraîche, et nous avons remis à la voile le lendemain. Alors, nos mauvaises heures ont commencé; un grain violent nous a assaillis par le travers du cap Sainte-Marie, au vingt-septième degré de latitude sud; nous avons perdu notre mât de beaupré, une raffale l'a coupé net à la racine, comme une canne à sucre, et deux gabiers ont péri du coup. Notre capitaine avait perdu la tête, après une attaque d'apoplexie; le second prit le commandement, mais c'était un jeune homme de vingt-trois ans que notre capitaine avait pris avec lui à la recommandation de son correspondant de Mayotte;

il en était à son coup d'essai, et notre vieux timonier me dit à l'oreille que toutes nos manœuvres étaient fausses.

» Dieu m'en est témoin, ce n'était pas pour moi que je tremblais. Auprès de moi pleurait une jeune femme, miss Katrina Lamfelt, fille d'un riche Américain, que j'avais droit de regarder comme mon beau-père futur. Tout mon avenir, toutes mes affections, tout mon bonheur étaient donc sur ce navire, et j'aurais donné ma fortune pour un mât de beaupré. Au milieu de la nuit, un cri monta de la cale, un cri affreux qui nous glaça de terreur; on annonçait une voie d'eau, il fallut courir aux pompes. Hélas! les pompes fonctionnent toujours mal à bord d'un hollandais; les navires de cette nation sont si solidement construits sur la coque de la quille, qu'une voie d'eau paraît impossible. Nous étions tous à l'ouvrage, excepté les femmes, et, je puis le dire, chacun de nous faisait son devoir. Dans ces moments terribles, la vie de chacun est la vie de tous, un navire n'a qu'une seule âme : on ne peut se sauver qu'en sauvant les autres et, chacun faisant ce raisonnement, tout le monde travaille et s'utilise avec une égale ardeur. Mais quand le malheur s'acharne sur un vaisseau, il ne garde plus de mesure. Un coup de mer brisa notre gouvernail, il fallut manœuvrer *à la toue*, avec un tronçon de mât cordé à l'arrière. Vous dire combien d'heures nous avons passées dans les angoisses, est chose impossible. Dieu seul le sait. Enfin, on a signalé terre, nous apercevions comme une brume la côte d'Afrique, mais le vent avait cessé tout à coup, la mer était lourde comme du plomb fondu ; les pompes fonctionnaient toujours, on n'avançait pas...

— C'est le navire que nous avons vu le soir de l'ouragan ! interrompit vivement Elora.

— Je pensais la même chose, dit Bernardin qui écoutait avec une attention scrupuleuse.

— Oh ! continuez, monsieur, reprit Elora, les mains jointes.

— Alors, Dieu m'inspira une idée, poursuivit Liétor ; je voyais notre navire entièrement perdu par ses seules avaries s'il ne lui était porté de prompts secours ; et pas une voile à l'horizon ! je communiquai mon idée au second, qui l'approuva. Il s'agissait de faire ce que mon père avait fait le lendemain de la bataille de Trafalgar, où il avait suivi son ami, l'amiral Gravina. Le vaisseau le *Bucentaure* venait de se reprendre, mais dans l'état de dévastation où la bataille l'avait mis, il ne pouvait gagner le port de Cadix qu'à l'aide d'un prompt secours de remorque et de pilotes lamaneurs. Mon père était à bord, et il proposa de mettre un jeune et hardi marin dans un petit canot et de l'envoyer demander des secours à Cadix. La tempête était affreuse, ce qui rendait la corvée à peu près impossible. Les plus braves reculèrent ou combattirent la proposition. Alors mon père, voulant démontrer la possibilité de l'entreprise, se jeta lui-même dans un canot, et, sur une mer furieuse, il parvint à gagner Cadix. C'était donc pour moi un souvenir de famille qui me fit proposer la même chose.

» Il s'agissait d'aller demander du secours au Port-Natal, à travers les périls du plus affreux des ouragans. Le travail des pompes réclamait les bras de tous les marins, de tous les passagers ; enlever un homme au navire, c'était déjà trop. Personne ne pouvait donc m'accompagner. Je fis mes adieux à M. Lamfelt et à miss Katrina ; je me munis d'une carabine et d'une boîte de métal hermétiquement fermée et pleine de poudre, prévoyant que cela me serait peut-être nécessaire pour les signaux de détresse, et je me lançai en mer. Ici commença une lutte dont j'essayerais en vain de vous donner la description. J'avais contre moi un océan indomptable qui s'entr'ouvrait à chaque instant pour m'engloutir, et semblait ensuite ne me relancer à la cime d'une vague que pour prolonger cruellement mon agonie et me donner toutes les horreurs d'une mort lente. Vingt fois, je fus sur le point de renoncer à cette lutte impossible, mais le souvenir de miss Katrina me rendait une vigueur nouvelle après l'épuisement de mes forces, et je recommençais une énergique révolte de la vie contre la mort. La nuit tomba bientôt avec toutes ses horreurs. J'avais perdu la terre de vue; les éclairs m'éblouissaient et ne me montraient rien; non loin de moi, les tonnerres tombaient dans l'Océan, où ils s'éteignaient avec un fracas inouï qui semblait entr'ouvrir la coque de ma chaloupe.

» Je me sentis soudainement entraîné par un courant, avec une violence irrésistible, et je devinai le voisinage des terres, en respirant les âcres senteurs des végétations africaines. Le moment décisif arrivait. La même vague pouvait me briser ou me sauver. Profitant d'une minute de calme, je fis mon appel de détresse, et ma joie fut grande en entendant des échos qui me répondaient comme des amis très-voisins. Ce fut ma dernière lueur d'espoir. Une lame énorme, qu'on aurait dit soulevée par une éruption volcanique et sous-marine, emporta mon canot comme un brin de paille : j'entendis craquer le bois sous mes pieds ; un choc violent m'ôta la respiration ; tout finissait pour moi. »

Liétor se tut ; Bernardin détourna la tête comme pour cacher pudiquement quelques larmes. Maurice, homme de la nature, ne cherchait pas à dissimuler son émotion. Elora gardait son attitude et semblait écouter encore le récit terminé.

Toute cette comédie avait été si admirablement mise en scène par Bernardin, que Liétor n'avait pas eu grand'peine à la jouer d'une façon qui aurait fait honneur à un acteur de profession. Tout avait été prévu, tout avait été accentué avec une minutie et un soin de détail qui ne devait laisser aucune prise au hasard. De plus habiles, de plus méfiants que Maurice et Elora auraient été trompés. Car Bernardin, doué d'un sens profond d'observation, avait tout arrangé pour que le succès ne pût être un instant douteux, et dans les répétitions qu'il avait fait subir à l'impatience ardente de Liétor, il s'était montré lui-même plus difficile que tout un public. Au reste, après les premières révoltes passées, Liétor était devenu le plus docile des écoliers, et désormais il ne prenait même plus la peine de discuter : l'obéissance passive lui paraissait le plus sûr moyen d'arriver au but si ardemment convoité.

Ce n'était pas en touchant au port qu'il fallait se compromettre par une imprudence, et Liétor avait lieu d'être satisfait des conseils de Bernardin.

VIII

Entre complices.

Les quatre convives de cette table hospitalière gardaient leur attitude. Un profond silence succédait au récit de Liétor Adriacen.

Maurice et sa femme n'osaient pas l'interroger sur miss Katrina. Ce nom, qui avait passé si rapidement dans les paroles du naufragé, aurait voulu un commentaire, que ni Maurice ni Elora n'osaient demander. Il paraissait d'ailleurs trop évident que le navire avait sombré sans pouvoir atteindre Port-

Natal, et que l'Océan avait englouti les passagers et l'avenir de bonheur promis au jeune fiancé de miss Katrina. Il était inutile de demander de nouveaux détails sur cette catastrophe désolante. La catastrophe était écrite sur le visage de Liétor, et racontée par son silence avec une ineffable expression de douleur; quant aux détails, il n'en avait pas lui-même; il n'aurait pu savoir que ce qu'on aurait appris à la ville voisine, et ces détails seraient d'abord parvenus, soit par Bernardin, soit par le docteur Bellissen, aux habitants du cottage de *Paradise-Natal*.

Ce silence, que personne ne se sentait la force ou le courage d'interrompre, aurait pu durer longtemps, lorsqu'un auditeur qui n'avait pas été remarqué intervint.

Une plainte sourde et vibrante, comme si elle fût sortie d'une poitrine de bronze, se fit entendre au dehors, et les deux convives étrangers tressaillirent et regardèrent la porte avec une terreur qu'ils s'efforcèrent soudainement de maîtriser.

— Ce n'est rien dit Elora en souriant; c'est Nabab qui se plaint. Je l'ai oublié.

Heureuse de cet incident, la jeune femme prit un gâteau sur la table, se leva, et courut au balcon, elle appela l'éléphant, qui s'avança d'un pas lourd et répéta sa plainte sur le même ton.

— Mon pauvre Nabab, lui dit Elora, tiens, voici ta part du dîner... Allons, approche... Ah! ce n'est pas bien, tu me gardes rancune... Réfléchis... je t'ai fait les premières avances... nous allons nous brouiller.

Mais l'éléphant refusait de tendre sa trompe vers la main d'Elora et continuait à donner des signes d'inquiétude dont le sens échappait à la sagacité de la jeune femme et de son mari.

Bernardin regardait fixement Liétor et semblait lui dire :

— Il ne fait pas bon pour nous ici.

Liétor, qui, pour obéir à son conseiller, n'avait pas donné un seul regard à la belle créole pendant tout le repas, réparait le temps perdu et la suivait des yeux dans tous ses mouvements, depuis qu'elle avait quitté sa place pour parler à son favori Nabab.

Cette distraction étourdie irrita Bernardin, qui se leva aussi et dit à très-haute voix:

— Monsieur Adriacen, n'abusez pas de votre premier jour de convalescence; vous vous êtes beaucoup ému en racontant cette affreuse histoire de mer; le repos vous est nécessaire : le docteur Bellissen m'a chargé de veiller sur vous et de ne vous permettre aucune imprudence. Obéissez à votre docteur et remontons.

Elora et Maurice abandonnèrent la fenêtre et Nabab, dont la mutinerie n'était point calmée, et tous deux applaudirent aux sages conseils de Bernardin.

— Vous ne pouvez rien lui refuser à cet excellent monsieur Bernardin, dit Maurice à Liétor; il vous a soigné comme un frère pendant votre maladie. Il a été pour vous plus utile que le médecin lui-même, et son dévouement pour vous mérite plus que de l'amitié! il vous soumet à l'obéissance... et ma femme pense comme moi.

Elora, sans répondre, prit la main de Bernardin, la serra très-affectueusement, et accompagna d'un sourire céleste ce témoignage de bonne amitié.

L'amoureux aurait payé bien cher ce serrement de main, s'il avait pu l'acheter.

Liétor ne comprenant rien à la stratégie domestique de Bernardin, se leva le dernier, avec un désir si vif de se faire expliquer ce mystère, qu'il salua les maîtres de la maison et monta l'escalier avec plus de précipitation qu'il ne fallait pour un convalescent. Mais cette imprudence ne pouvait compromettre ni le faux colporteur, ni le faux naufragé. Personne ne les suivait.

Quand les deux complices se trouvèrent seuls dans leur chambre close, Bernardin se croisa les bras, et, d'un ton d'autorité qui augmentait chaque jour, il dit à Liétor :

— Vous avez du courage, de l'esprit, de l'instruction, mais vous n'avez rien de plus.

Liétor regarda Bernardin comme un homme qui attend une explication.

— Livré à vos propres ressources, à vos seules inspirations, vous ne feriez que des sottises. Il vous manque la finesse, la pénétration et le sens commun, et vous êtes dans la plus dangereuse des erreurs si vous croyez que notre séjour ici peut se prolonger...

— Et qui nous chassera ? interrompit Liétor avec vivacité.

— Nous ne serons pas chassés, reprit Bernardin; nous serons assommés. Vous avez étudié l'histoire naturelle dans les livres, vous; moi je l'ai étudiée dans la nature, et je vais vous raconter une petite histoire d'éléphant, qui vous éclairera sur votre position. Vous pouvez d'ailleurs la lire dans le mille quarante-septième numéro du *Cap-Town Review*. Le planteur Wolhaston a une belle habitation au bord de la baie Sainte-Hélène, près l'embouchure du fleuve des éléphants, dans la colonie du Cap. Il chassa trois nègres affranchis, accusés de lui avoir bu quelques flacons de vin de Constance. Ces nègres résolurent de se venger et organisèrent un complot, sous un hangar voisin de l'habitation. L'éléphant privé du planteur assistait à cette réunion et s'occupait à broyer un tronçon de canne à sucre; on ne se méfia pas de lui. Quel conspirateur se méfie d'un animal? Une nuit les trois nègres, armés de couteaux, franchirent le mur de clôture de l'habitation et se préparèrent à ouvrir la porte avec une fausse clé, lorsque l'éléphant arriva tranquillement, comme s'il eût été somnambule, et en assomma deux avec sa trompe; le troisième s'élança comme un écureuil sur la tige d'un palmier, grimpa jusqu'à la cime, mais il n'osa point en descendre; il fut gardé à vue par l'animal toute la nuit, et le matin venu, il fut pris, jeté en prison, jugé et exécuté. Avant de mourir, ce pauvre diable avoua tout.

— Bernardin, interrompit Liétor, tu es trop généreux envers les éléphants; tu leur donnes l'intelligence de l'homme.

— Dieu m'en garde! reprit Bernardin; j'estime trop les éléphants pour les calomnier ainsi. Ma générosité serait un outrage. J'ai vu un cerveau d'éléphant à l'amphithéâtre anatomique de Cap-Town; il y a de quoi loger dans pareil cerveau toute l'intelligence anglaise de la compagnie des Indes. L'éléphant est un homme supérieur, et il a de plus sur l'homme l'avantage de ne pas parler. En Asie, ces animaux (pardon si je les désigne ainsi) appartiennent à une race dégénérée. En Afrique, c'est autre chose. Le sol, le ciel, le soleil y sont plus vigoureux, et tout ce qu'ils créent leur ressemble. Il y a, derrière nous, une race d'éléphants constitués en peuplades, ayant des usages, des coutumes, des lois immuables depuis Adam. Les hommes font des révolutions, ces éléphants africains n'en font pas. Ils habitent des terres inconnues des géographes, un royaume immense, qui s'étend du lac Maravi au plateau Sembo jusqu'aux montagnes de Gebel-el-Konari. Si nous accordons tant d'intelligence aux monarchies des petites abeilles, que ne devons-nous pas accorder aux institutions sociales de ces colosses, qui ont établi leur ruche dans le plus beau pays du monde, pour vivre paisiblement de solitude, de calme, de grand air, d'ombre et de soleil ! Or, notre ennemi à trompe, notre Nabab est une éclaboussure de cette ruche ; c'est un enfant méditatif et intelligent de cette nature de feu. La léthargie asiatique n'a pas éteint son œil, n'a pas ramolli son cerveau. C'est un rude bloc africain, animé par la flamme du soleil. Malheur à nous, s'il nous devine, et croyez-le bien, il nous a déjà devinés.

— Diable, mon cher Bernardin, dit Liétor, tu connais à fond les éléphants ; devant ta science zoologique, je ne discute plus, je m'incline. Tu as parlé mieux qu'un livre et tu as su mêler l'observation et l'induction philosophique à l'histoire naturelle. Et maintenant, j'attends ce que tu décideras.

— Tout est décidé, dit Bernardin; il faut partir, nous sommes devinés.

— Partir! reprit Liétor; abandonner le bonheur qu'on va tenir! Oh! ma vie est attachée à cette maison. Pars, si tu as peur, moi je reste.

— La peur est le nom que les étourdis donnent à la prudence.

— Oui, je sais que tu as réponse à tout et au besoin tu recommencerais une nouvelle dissertation, mais, je te le répète, je suis inébranlable, je reste.

— Que faire, mon Dieu! que faire? dit Bernardin en prenant sa tête dans ses mains.

— Agis à ta guise, tu es libre, parfaitement libre.

— Rester dans cette maison, c'est, de gaieté de cœur, courir à sa perte.

— Pars donc tant qu'il en est temps, et laisse-moi accomplir ma destinée.

— N'importe! j'ai des vices, mais je ne veux pas les exagérer par l'ingratitude; je ne vous quitte pas.

— Très-bien! Bernardin, et je n'en attendais pas moins de ton amitié; maintenant, puisque tu es ingénieux, tu organiseras un plan qui me fera réussir, sans nous compromettre avec le monstre noir.

— J'y songerai, dit Bernardin, en se frottant le front avec une visible anxiété.

— Mon ami, poursuivit Liétor, j'ai trouvé enfin ce qui me fait vivre ; j'ai des nuits pleines de songes riants ; j'ai des jours remplis d'heures émouvantes; ma vie est dans cette maison ; je me sens exister. Je trouve même dans le bonheur de Maurice une âpre jalousie, une douleur fébrile, qui ont leur volupté. L'avenir me tourmente avec ses incertitudes; j'ai donc admis l'avenir; moi qui n'ai jamais cru au présent. Quel sera le destin de ma passion? voilà le problème ! Tomberai-je au fond d'un abîme ? monterai-je au ciel ? Ce doute seul me fait tressaillir à chaque instant et donne à ma vie un charme et un intérêt inconnus... et tu veux que je recommence mon long suicide, parce que les éléphants ont un énorme cerveau ! Allons donc ! je ne prends pas cette plaisanterie au sérieux. Cherche, invente, trouve et laisse vivre ton bienfaiteur, ne lui arrache pas une vie à peine âgée de quinze jours.

— Tiens ! dit Bernardin en se frappant le front, il me vient une idée !

— Voyons ton idée !

— Comme elle est neuve, poursuivit Bernardin, je ne sais pas si elle est bonne. Vous allez juger... Elle a du moins l'avantage de nous mettre dorénavant d'accord.

— Parleras-tu, bourreau?

— Maurice me doit beaucoup d'argent et il ne peut pas me payer... Je lui proposerai de s'acquitter envers moi, en me donnant son éléphant Nabab. Nous le tuerons sous prétexte de l'envoyer au Muséum du Cap. Il sera reçu avec reconnaissance.

— Trêve de plaisanteries, le moment est sérieux, mon cher Bernardin.

— Je ne plaisante pas.

— Alors, je dois croire que ce monstre noir t'a complétement troublé la cervelle.

— Il y a bien de quoi. Je redoute les trompes et ces forces colossales contre lesquelles il n'y a pas de lutte possible. Diable d'éléphant! Cependant mon idée avait du bon et le troc était admirable.

— Mon ami, trouve quelque expédient plus sérieux. Jamais Elora ne consentirait à payer les dettes de son mari avec son éléphant.

— Oui, vous avez raison ; mais pour avoir une

bonne idée, il faut toujours commencer par la mauvaise... je tiens la bonne !... En principe, admettons une chose ; il faut d'abord séparer Elora de son mari.

— Oh ! sans doute, Bernardin.

— Si nous ne séparons pas ces deux être par un divorce violent, vous serez, dans dix ans, aussi peu avancé que le premier jour.

— C'est évident, Bernardin. Telle quelle est arrangée, la vie de ce cottage n'est pas favorable aux intrigues d'amour.

— Ce mari est seul de son espèce, comme vous le verrez ; il est l'ombre éternelle de sa femme ; il ne la quitte pas. Jamais lierre ne fut plus attaché à un ormeau.

— En Europe, on n'a certainement jamais vu pareille chose, dit Liétor.

— Nous sommes en Afrique, reprit Bernardin, profitons de notre position... Elle nous donne quelques avantages que nous ne trouverions certainement pas en Europe... Profitons-en.

— Bien, poursuis ; je t'écoute.

— Demain, je vais passer quelques heures au

Port-Natal, et je rentre à l'habitation avec une figure de désespéré... tous mes débiteurs sont en faillite. J'ai des remboursements à faire dans vingt-quatre heures... ma vie ne tient plus qu'à un fil... Je murmure tout bas des menaces sinistres contre ma cervelle. Je laisse luire à ma ceinture un pommeau de pistolet. Tout cela sera joué au naturel, reposez-vous sur moi. Le primitif Maurice prend l'alarme; sa candeur s'épouvante de mon horrible position. Il ne peut venir à mon secours sur-le-champ; alors, je lui indique adroitement une ressource : je prononce tout bas un nom, le vôtre, bientôt je vais plus loin ; j'insinue que cette habitation toute de luxe, est nulle sous le rapport du produit, ne peut trouver qu'un acheteur fort riche ou fort obligeant, et que M. Liétor Adriacen pourrait bien être cet acheteur, si le propriétaire avait la hardiesse de le lui proposer. On fixera un prix raisonnable, dix mille piastres. Maurice, menacé de mon suicide, consentira. Vous voilà maître chez lui. Ce n'est pas tout. Cette première affaire réglée, je me charge de lui dire, moi, que l'oisiveté vous pèse, qu'il vous faut des distractions de commerce, après la perte de votre fiancée, miss Katrina ; que vous êtes sur le point de fonder une maison à Port-Natal, et que lui devrait s'associer avec vous, pour faire valoir huit à neuf mille piastres qui lui restent de la vente, et qui ne lui suffiront pas, à coup sûr, pour vivre honorablement avec sa femme jusqu'à son dernier jour. Là-dessus, je lui fais une peinture raisonnée d'un homme marié qui n'a d'autre ressource viagère qu'un sac d'argent improductif. A tout cela, il n'a rien à répondre. Je l'ai placé sur une pente, il faut qu'il aille jusqu'au bout. Le voilà lié à votre destin ; le voilà votre esclave ; nous n'aurons plus ensuite que l'embarras du choix des moyens. Les occasions viendront en foule, pour opérer chaque jour un divorce violent et séparer l'inséparable. Tout obstacle, même celui de Nabab, sera brisé. Vous serez maître de la position. Dans une de vos mains, vous tiendrez la femme, dans l'autre le mari, toujours en pouvoir de retenir l'un des deux et de congédier l'autre. Si ce plan ne vous satisfait point, je me retire, je vous abandonne à votre ennemi, et vous irez chercher chez de plus habiles l'architecte de votre avenir.

Liétor Adriacen avait écouté son conseiller avec la plus grande attention, et le discours terminé, il garda quelque temps le silence occupé qui annonce le travail de la réflexion.

— Cela me paraît bon, dit-il, et je cherche inutilement l'obstacle non prévu qui pourrait empêcher ce plan de marcher jusqu'à sa réussite...

— Il n'y a point d'obstacle, interrompit Bernardin. Je n'en vois point.

— Moi j'en vois un, dit Liétor en secouant la tête, et celui-là vient de moi ; il est au fond de mon caractère. C'est l'impatience dans le désir. Je voudrais voir marcher les événements aussi vite que tu les racontes. La fièvre me saisit à l'idée que ce beau plan ne sera pas accompli avant le coucher du soleil de demain. J'ai déjà dévoré un siècle en cinq minutes ! Mon Dieu ! que le temps est long quand il n'est pas écoulé ! Je crains de tout perdre par excès de précipitation. Voilà l'obstacle !

— Doucement, mon maître, dit Bernardin ; nous vous modérerons ; je retiendrai votre impatience au bout de ma main droite, qui est solide, et je mettrai des entraves à vos pieds d'étalon fauve. Ce plan est mon ouvrage ; j'ai mon amour-propre d'auteur, et je veux voir triompher mon plan, même malgré vous.

La nuit était tombée depuis longtemps ; Bernardin et Liétor échangèrent encore quelques paroles, et se préparèrent au sommeil par des rêves qui ne lui appartiennent pas.

IX

Contre-partie.

Reine ou simple mortelle, une femme éprouve les mêmes émotions de cœur, et s'entretient avec les mêmes idées, dans des circonstances analogues. Ainsi, la jeune et belle Elora pensait en ce moment comme la reine de Carthage, et ne cessait de se demander avec une sorte d'effroi quel était ce nouvel hôte qui venait de s'asseoir à la table de *Paradise-Natal*[1] ? Elle se complaisait ensuite dans le souve-

---

[1] *Quis novus hic nostris successit sedibus hospes.*
(VIRGILE.)

nir de cette scène du repas du soir, si calme et pourtant remplie de toutes les émotions.

Qu'il était grand et mérité, pensait-elle, l'intérêt qui accompagne ce jeune homme dont la figure est si pâle, le regard si triste, la voix si douce; et comme il raconte bien ces épouvantables scènes de l'Océan ! Comme il peint avec vérité ces tableaux de désolation ! et surtout dans quel incurable désespoir le plonge ce deuil d'une jeune fille, morte avant le bonheur !

Une seule chose inquiétait Élora dans ce souvenir et lui paraissait inexplicable.

Sans doute, l'innocente créole n'avait apporté à ce repas du soir aucun coupable projet de coquetterie provocatrice, mais, sous l'empire d'un instinct dont elle ne se rendait pas bien compte, elle s'était mieux vêtue et mieux parée que de coutume, elle avait roulé dans ses cheveux ce trésor de perles vendu par le colporteur; elle avait mis ses plus beaux bracelets indiens, et pourtant sa beauté, sa grâce, ses bijoux, sa toilette n'avaient pas obtenu un seul regard, un seul de ce jeune homme. Elle n'était donc belle que pour son mari, et indifférente pour tout le reste du monde, puisque le premier étranger assis auprès d'elle n'avait pas daigné l'honorer d'un coup d'œil de satisfaction.

Ce souci était grand au cœur d'Élora; il ressemblait à l'aiguillon d'une blessure, et la jeune femme était si naïve dans son étonnement, qu'à défaut de confident discret, elle s'adressait à son mari pour obtenir la solution de ce problème si étrange.

— Je t'aime, lui disait-elle avec un abandon charmant; je n'aime que toi; je suis heureuse quand tu loues ma beauté, mes bijoux, ma parure; pourquoi suis-je donc tourmentée ainsi, lorsqu'un autre homme ne me regarde pas? Est-ce parce qu'il insulte ton goût, et trouve des torts à ton amour et à ton admiration?

—Oui, mon amie, disait Maurice; tu as deviné. Ce n'est pas ton amour-propre qui souffre de ce dédain, c'est ton amour. Tu te dis vaguement à toi-même: Puisque cet étranger ne m'admire pas, un jour peut venir où mon mari me traitera comme cet étranger, et passera devant ma beauté avec la même indifférence. Tu serais beaucoup plus confiante dans l'éternité de mon admiration et dans ta beauté, si tu voyais luire dans d'autres regards l'extase qui remplit toujours les miens. Une chose m'afflige, en nous voyant tous les deux sur un entretien si nouveau : c'est que nous ne nous suffisons plus à nous-mêmes ; des étrangers absorbent un peu de cette vie qui était toute nôtre, et partagent avec moi le bonheur de te voir et de t'entendre, ce qui peut les conduire à t'aimer. Ensuite, quel malheur pour moi si j'allais être jaloux ! Elle existe déjà au fond de mon cœur, la jalousie, mais si injuste, si peu raisonnable, qu'elle me paraît ridicule à mes propres yeux, après un instant de réflexion. Ainsi, le croirais-tu? je souffre quand un sourire de toi s'adresse à une fleur, à un arbre, à un paysage, à des choses mortes qui te causent une joie, une distraction. Je voudrais être tout ce qui te plaît; je voudrais pouvoir te donner toutes les grâces de cette nature qui nous environne, et que tu envies, ingrate, comme si Dieu, en te créant, ne t'avait pas faite plus belle que sa création. Et si je suis absurdement jaloux, en l'absence d'un motif humain, que serait-ce, ma belle Élora, si je voyais les regards d'un homme s'attacher sur toi, avec une idée? Le trouble et le bruit du dehors sont entrés dans notre solitude; la brèche est faite au mur de ce jardin. Des pieds profanes ont foulé ce gazon. Nous n'avons plus cette richesse qui protége et donne le calme. Notre porte va s'ouvrir, sans défense possible, à ces hommes intraitables qu'on appelle créanciers. Tu ne sais pas ce que c'est, dis-tu? Je vais te l'apprendre. Un créancier est un être inconnu dans les forêts sauvages ; c'est un produit de la civilisation. Un créancier est un maître, un despote, un tyran; il a ses libres entrées dans votre maison ; il a le droit d'interrompre votre sommeil, votre repas; le droit de vous parler haut, de s'asseoir à votre foyer domestique sans y être invité, de vous traîner devant des juges, de vous séparer de votre femme, de vous plonger dans une prison...

— Ah! mon Dieu! interrompit la jeune femme, pâle d'effroi, nous sommes menacés de ces hommes affreux?

— Oui, ma pauvre Élora, reprit Maurice, les larmes aux yeux.

— Mais, reprit sa femme, il faut partir de suite,

il faut fuir ces hommes qui peuvent me séparer de toi.

— Partir! dit Maurice avec mélancolie; partir! c'est impossible! Sais-tu bien ce que coûtent un départ, un voyage, un nouvel établissement dans un pays lointain et inconnu? Les riches seuls peuvent partir avant l'heure qui sonne, et nous ne sommes plus riches; et si nous l'étions encore, nous ne partirions pas. Notre habitation est notre seule ressource, mais c'est un immeuble sans valeur dans ce pays de négoce, et même si je voulais la vendre à vil prix, je ne trouverais point d'acheteur...

— Et alors, dit Élora d'un ton désespéré, qu'allons-nous devenir! Mon Dieu! mon Dieu! que viens-tu m'apprendre là! J'étais si heureuse!... Maurice, si on me sépare de toi, je te suivrai, même dans une prison!

— Et tu ne le pourrais pas, ma femme chérie; la loi est ainsi faite. Nous serions séparés. Tu resterais seule, ici, dans ce désert; seule!... Oh! tout mon sang se glace en y songeant! ma tête brûle! mon cœur se brise! Je souffre déjà toutes les tortures de l'avenir.

— Mais écoute, mon ami, dit Élora, crois-tu que ce bon colporteur, qui est devenu presque notre ami, serait assez méchant pour...

— Oh! interrompit Maurice; ce n'est pas lui que je redoute. Il nous a donné trop de preuves d'affection; mais la faillite de mon banquier va me mettre sur les bras des créanciers inconnus, qui n'auront aucun égard pour moi, et ce sont ceux-là que je crains. Heureusement, M. Liétor Adriacen sera parti et nous aura quittés, car il me serait trop cruel de subir toutes ces hontes de débiteur insolvable devant un étranger.

— Il a dit qu'il partirait bientôt? demanda la jeune femme.

— Oui; il me l'a fait pressentir. Que ferait-il d'ailleurs chez nous? Il a de tristes devoirs à remplir auprès de deux familles; il craint aussi de nous affliger trop longtemps de son désespoir sombre et de son deuil. Probablement il partira demain, et achèvera sa convalescence à Port-Natal. Je crois aussi que Bernardin le suivra; il lui a été vraiment fort utile dans sa maladie, et très-dévoué. De pareils services ne s'oublient pas. Liétor

Adriaeen paraît être fort reconnaissant envers ce jeune homme. Voilà deux amis qui ne se quitteront plus.

Ces entretiens de Liétor et de Bernardin, de Maurice et de sa femme avaient lieu aux mêmes heures. Ils donnent une idée juste de la disposition d'esprit où se trouvaient nos personnages la veille du jour où Bernardin devait poser le premier jalon de son plan infernal.

X

Le plan s'exécute.

Rien ne réussit comme un mauvais dessein bien combiné.

Par une succession de ruses adroitement ménagées, Bernardin arriva bientôt au but qu'il avait désigné à Liétor. Maurice, qu'un secours providentiel semblait retirer du fond d'un abîme, hésita pourtant, et recula même devant une association commerciale qui répugnait à ses goûts et le rendait esclave de la société des hommes; mais les vives instances d'Elora triomphèrent de tout ; la jeune femme ne vit d'abord dans cette combinaison qu'une seule chose, son mari sauvé de la prison. Il n'y avait pas à balancer.

Une véritable révolution domestique s'opéra donc dans *Paradise-Natal*, devenu la propriété de Liétor Adriacen. Les premiers possesseurs en devinrent les locataires. Liétor et Bernardin s'établirent au Port-Natal, dans le plus charmant quartier de cette colonie, avec le projet, dirent-ils, d'aller passer tous les jours de fête et de repos à l'habitation.

A sa première sortie, Maurice éprouva le même serrement de cœur qui attrista le premier homme sur le seuil de son Eden ; mais la ville dans laquelle il entra n'ayant aucune ressemblance avec toutes les autres villes du monde, la douleur s'adoucit bientôt dans le cœur de l'émigrant. Le Port-Natal lui apparut comme un vrai paradis terrestre, divisé en mille habitations primitives, et régi par les douces lois de l'âge d'or.

Les Hollandais, fondateurs de cette délicieuse colonie, ont apporté à ce coin de l'Afrique ce goût minutieux, cet esprit du chez soi, cet admirable instinct de l'habitude, toutes les qualités enfin qu'on admire dans leurs villes septentrionales, et se révèlent avec des attraits et des charmes bien plus séduisants encore sous les belles latitudes de la mer et du soleil. Un voyageur anglais a écrit sur le Port-Natal une phrase qui donne une juste idée de cette colonie : « Depuis la création du monde, dit-il, les hommes créateurs d'une ville ont montré du bon sens pour la première fois. » Ici, les Hollandais n'ont pas eu besoin de conquérir des terres sur l'Océan, ni de bâtir des cités à force d'écluses et de pilotis, travail surhumain, et que pourtant rien ne justifie, sur ce globe où l'Océan baigne tant de déserts féconds, pleins d'ombres et de lumières. Les hommes sont ainsi faits ; rien ne les éclaire, pas même le soleil : ils se sont toujours obstinés à bâtir des villes vers le pôle, et à se battre entre eux pour conquérir des pouces de neige, au bord d'un fleuve de glaçons, et ils ont laissé vivre des peuplades de bêtes fauves dans les zones tièdes, sur des rivages sablés de perles, sur des îles incrustées de corail, sur des rivières où les gouttes d'eau roulent des gouttes d'or. Il y a des palais de granit sur la Newa, la Mersey, la

Clyde, la Tamise, le Danube ; il y a des huttes de sauvages, des antres de lions, des repaires de tigres sur les fleuves sans nom qui coulent à l'ombre et au soleil, entre la baie d'Agoa et le royaume d'Adhel, dans les solitudes immenses où l'homme serait vêtu par le soleil, réjoui par des fleurs éternelles, nourri par un sol généreux qui donne tout à la main qui ne lui donne rien. La froide raison qui vient de l'homme étouffe sans cesse les nobles instincts qui viennent de Dieu.

Le soleil semble éclairer avec un amour paternel cette charmante colonie naissante du Port-Natal ; le ciel a mis toutes ses complaisances sur ce coin de terre ; la nature africaine a creusé pour lui une rade tranquille, où se jouent éternellement de petites vagues de saphir. Les hommes ont voulu mêler leurs œuvres à ces œuvres de Dieu, et rien d'aussi ravissant n'est jamais sorti d'une association pareille. On a banni la monotone symétrie des rues, le rapprochement pneumatique des maisons, la pyramide étouffante des étages superposés ; l'air, la lumière, la respiration, circulent partout. Chaque maison est une île ; chaque mur a son voile de fleurs ; chaque fenêtre a son cadre de verdure ; chaque famille a son jardin, son verger, sa fontaine, sa treille de vignes, sa voûte de palmiers ; les terrasses, les balcons, les kiosques, dominent la mer, en découvrent toutes les magnificences, en aspirent tous les parfums.

Les promenades extérieures ont été conquises sur les forêts vierges, et l'art a su leur conserver leur premier charme, en les façonnant à la civilisation. Tous les soirs au coucher du soleil, les heureuses familles de la colonie vont respirer la douce fraîcheur du soir, à l'ombre de ses arbres séculaires, où des concerts d'oiseaux retentissent encore, comme aux anciens jours de la création, lorsqu'ils ne chantaient que pour être entendus de Dieu. Bienheureuse colonie, toute pleine de la sérénité de son beau ciel ; grande famille de frères, qui réalise de nos jours le rêve de Salente, cette fabuleuse histoire du bonheur colonisé.

Victime d'une catastrophe qui le lançait dans la société des hommes, le malheureux Maurice trouva au moins une ombre de consolation au milieu d'une colonie qui ressemblait si peu au reste du monde, et se rapprochait ainsi des habitudes, des goûts, des mœurs de *Paradise-Natal*.

Quand on s'attend au pire, on se console avec le mal; ce qui paraissait intolérable, vu des hauteurs sereines de la prospérité, prend un autre caractère après la chute, et conseille à l'homme les mâles amertumes de la résignation.

Liétor et Bernardin, le premier toujours dirigé par le second, se donnaient les airs de deux hommes absorbés par le démon du commerce; le comptoir était établi dans un cottage dont la poétique parure formait un étrange contraste avec le matérialisme des factures, des écritures en parties doubles, des manifestes de douanes et des colis. Il y avait un grand-livre, cuivré aux quatre angles, et perché sur un pupitre d'acajou; il y avait des piles de cartons ornés d'étiquettes; des casiers farcis de paperasses; des grilles de bois, au travers desquelles on voyait des commis taillant des plumes; de larges bureaux chargés d'ustensiles calligraphiques, de sphères, de tarifs et de provisions de comptoir. Un large écriteau annonçait, avec la gravité de la chose imprimée, que la caisse était ouverte de dix heures à quatre, et on admirait, sur des planchettes, les échantillons de toutes les denrées de l'univers. Par intervalles, de faux courtiers, nègres et deux fois marrons, venaient proposer l'achat d'une cargaison absente, et Bernardin proposait des escomptes, discutait le prix, flairait les échantillons, parlait à l'oreille de Liétor, acceptait ou refusait l'affaire, avec l'aplomb d'un comédien consommé. Maurice assistait à ces scènes, comme un élève attentif qui prend des leçons de commerce à la hauteur du génie de ses associés et veut gagner sa part de bénéfice le plus honorablement possible. Le comptoir fermé, Bernardin et Liétor accompagnaient Maurice jusqu'à l'avenue de *Paradise-Natal*, et le quittaient pour rentrer à la colonie.

Pendant ce trajet, Bernardin, placé entre Liétor et Maurice, récapitulait le mouvement de leurs affaires du jour. Il regrettait de n'avoir pas acheté une partie de *kao-lien*, excellente boisson chinoise, ou cinquante caisses de sams-hous alcooliques, ce qui pourrait remplacer avantageusement le tafia; ou bien il s'applaudissait d'un achat d'écailles et d'ivoires fossiles, sur lesquels il y aurait à coup sûr trente pour cent de bénéfice net, à l'arrivée des navires européens. On serrait les mains de Maurice, on lui disait : *à demain;* et tout de suite après, Liétor Adriacen recommençait invariablement la même doléance, et tirant un soupir aigu du fond de sa poitrine étouffée, il s'écriait :

— Bernardin, ceci se prolonge trop ! je n'y tiens plus ! assez de commerce et d'ivoire fossile comme cela.

— Il faut répéter cent fois que vous êtes un enfant, disait Bernardin. Laissez-moi donc vous faire réussir. Voulez-vous imiter tant d'imbéciles qui brisent la coupe en avançant brusquement la main? Il me faut du temps pour préparer tout. Il s'agit d'un enlèvement; nous sommes dans un pays où on enlève encore des belles femmes, comme au temps de Ménélas. La coutume s'est conservée dans l'Inde. Le riche Palmer a fait enlever une esclave à Delhi, une brahmanesse à Bénarès, une bayadère à Golconde. Ce sont trois faits connus. Je ne veux vous citer que ces trois pour le moment. Palmer, avec son or, aurait très-bien pu acheter ces trois femmes peut-être, mais le moyen était vulgaire et n'avait rien d'irritant pour un homme blasé. Il aimait mieux payer largement les enleveurs que les femmes enlevées. J'ai connu un nabab qui volait des dattes chez son voisin et laissait pourrir les siennes sur ses palmiers. Vous êtes, vous, dans un cas différent; il vous est impossible d'acheter cette femme; on ne vous la vendrait pas; il faut donc l'enlever, selon l'usage asiatique. En sautant ce ruisseau qu'on appelle l'Océan, nous n'avons rien à démêler avec la justice. C'est une autre planète, c'est un monde nouveau. Il faut donc que j'organise un service de relais et d'échelles depuis *Paradise-Natal* jusqu'à Sainte-Lucie, à travers les terres. Il faut que je nolise un brick à Sainte-Lucie pour Nossi-Bé. Ce n'est pas une petite affaire. Vous m'avez donné carte blanche; laissez-moi agir, ne gâtez rien. Vous aviez repris, depuis quelque temps, un peu de docilité, ne perdez pas le fruit de cette vertu en herbe. Je vous montre le port.

— Avec de légères variantes sur ce thème, Bernardin contenait ainsi, tous les soirs, l'impatience de Liétor Adriacen. Son raffinement d'astuce était surtout porté au comble au moment de la séparation des trois faux commerçants, la veille d'un jour férié. Maurice ne manquait jamais d'inviter son associé à passer le lendemain en famille, à *Paradise-Natal*; et au moment où l'étourdi Liétor allait accepter avec une joie imprudente, Bernardin s'écriait en bégayant :

— Impossible! impossible! Ma foi, je ne demanderais pas mieux pour ma part. J'ai la tête brisée par les affaires de cette semaine; mais nous avons de la besogne demain. J'ai tout mon portatif à passer au grand-livre; M. Adriacen a deux cents circulaires à signer, et son courrier de Madras et de Calcutta. Il faut commencer la semaine prochaine sans arriéré. Les affaires avant le plaisir : c'est mon principe.

Maurice s'inclinait devant ces bonnes raisons, et, au fond de l'âme, il était ravi de ce refus qui lui permettait de passer toute la journée du lendemain en tête-à-tête avec sa divine Elora.

Depuis le commencement de cette frauduleuse association industrielle, la jeune femme menait une vie bien triste à l'habitation. Maurice lui avait fait jurer de ne jamais s'écarter de la terrasse, et d'avoir toujours à son côté une de ses femmes de service. Elora, pour donner un peu de calme à l'imagination orageuse de son mari absent, avait obéi à ces exigences tyranniques, mais excusées par l'amour. Elle avait vu un instant s'épanouir autour d'elle le charme du monde extérieur; elle avait entendu résonner le timbre d'une voix nouvelle, et tout à coup la vision s'était évanouie, la mélodie humaine s'était éteinte; un silence de tombe régnait dans cette maison ; la jeune femme regrettait même d'avoir savouré cette distraction d'un moment, parce que ce souvenir répandait sur sa vie présente une légère brume d'ennui, inconnue autrefois. Et, chose étrange, toute l'habitation semblait s'assombrir sous l'influence de la même pensée; les serviteurs des deux sexes étaient tristes; les oiseaux ne chantaient plus dans les volières, les fleurs se flétrissaient sur leurs tiges, sans être cueillies.

Un seul être faisait exception à cette mélancolie, c'était l'éléphant Nabab; il accablait de prévenances sa belle maîtresse ; il devinait toutes ses pensées; il lutinait du bout de sa trompe ses rubans, ses dentelles, ses cheveux; il exécutait des tours de jongleur ; il prenait des poses qu'il croyait gracieuses, pour se faire payer avec un sourire ; ou bien il lui proposait, par un geste clair comme le mot, de la placer sur son col et de la promener triomphalement comme une sultane de Delhi. C'était aussi Nabab qui annonçait joyeusement le retour de Maurice à sa femme, longtemps avant le grincement de la clé sur la grille. Au milieu de sa joie, il s'arrêtait soudainement, gardait l'immobilité de l'éléphant Iriarti, inclinait une large oreille du côté de l'avenue, élevait sa trompe pour aspirer les émanations de l'air, puis il courait par bonds à la grille, comme un chien gigantesque, pour recevoir le premier son maître, le mari d'Elora. Ce devoir de bon serviteur étant rempli, il fermait lui-même la grille avec le soin d'un gardien minutieux, retirait la clé, la suspendait à une de ses défenses, et ne se possédait pas de joie en songeant qu'aucun étranger suspect ne pouvait plus entrer jusqu'au lendemain.

Un soir, comme il s'acquittait de ces mêmes fonctions, Maurice, arrivé de Port-Natal, fit à Nabab un signe que l'intelligent animal n'eut pas l'air de comprendre. Ce signe lui ordonnait de laisser la clé à la grille et de regagner son hangar. Elora, qui s'avançait pour recevoir son mari, interrogea du regard, et Maurice lui dit en souriant :

— Les voici ; Bernardin prétend que Nabab ne voit pas d'un bon œil les étrangers, ce qui est vrai, et il m'a prié de le faire enfermer dans son hangar.

Nabab regarda sa maîtresse, comme pour appeler de ce jugement à un tribunal supérieur, et la jeune femme, toute joyeuse des visites annoncées, montra la prison à son favori, qui, la tête basse et secouant les oreilles, se soumit à l'ordre, en donnant à son obéissance forcée le caractère de la rebellion.

Elora reçut les deux associés de son mari avec toute l'expansion d'amitié si commune chez les créoles anglaises ; elle leur serra les mains, les accabla de questions, leur reprocha une si longue absence et s'empara lestement du bras de Liétor Adriacen.

— Qu'il est doux, dit Bernardin, de respirer ici et de secouer la poussière du comptoir ! Nous sommes à vous, madame, toute la journée de demain, et lundi, avant le lever du soleil, nous allons reprendre le collier de misère.

— Comment! dit Elora, à peine arrivés, vous parlez déjà de partir?

— Les affaires! madame, les affaires! reprit Bernardin, votre mari le sait bien ; lundi, au lever du soleil, je dois être à la marine, puis à la douane, puis à une adjudication aux enchères, puis... que sais-je encore! J'en ai pour tout le jour. M. Liétor et M. Maurice doivent garder le comptoir. Ils seront assaillis de courtiers le lundi. Le premier jour de la semaine est toujours très-laborieux.

Maurice et Liétor approuvèrent de la tête ce que disait Bernardin.

— Vous avez donc peur de mon Nabab? dit Elora en riant aux éclats.

— Madame, reprit Bernardin, j'ai habité l'Inde dix ans, et je connais ces gros animaux ; ils sont fantasques comme des singes. Aujourd'hui ils vous aiment, demain ils vous détestent. Un coup de trompe sur le nez est vite reçu. On se brouille avec eux on ne sait trop pourquoi. Ils ne s'expliquent pas, ils vous assomment. J'étais fort lié, à l'habitation de sir Robert Feneran, avec l'éléphant Goose. Un jour, il jouait avec une perruche, qu'il faisait parler et sauter sur ses défenses ; je lui enlevai la perruche ; au même instant, il m'enleva mon chapeau et l'écrasa sous ses pieds, en poussant le cri sourd des buffles quand ils écrasent un tigre dans les cirques de Sumatra. Je battis prudemment en retraite, pour ne pas compromettre ma tête après mon chapeau. Voilà ma dernière histoire d'éléphant. Je suis assez instruit sur ces quadrupèdes, et je les dispense de me donner une leçon de plus.

Elora riait comme une folle, et Maurice éprouvait un léger serrement de cœur en voyant sa femme si heureuse ; il aurait voulu être le seul témoin et le seul prétexte de cette gaieté charmante, si nouvelle à *Paradise-Natal*.

Au repas du soir, à la veillée et le lendemain, les entretiens ne roulèrent que sur le commerce, les spéculations, les marchandises en faveur sur les marchés indiens. En vain la belle Elora fit des tentatives pour amener des sujets plus récréatifs, Bernardin et Liétor semblaient emportés par le démon du gain, et on n'accordait à la jeune suppliante que des monosyllabes de politesse; puis la conversation rebondissait de comptoir en comptoir, de Ceylan à Chandernagor, de Bombay à Java. On épuisait tous les noms connus sur les places marchandes; on en inventait avec des terminaisons chinoises, malaises, sanscrites; on citait les profits énormes recueillis par les fortes têtes de Batavia; on cherchait sur les catalogues du commerce les correspondants qui offraient le plus de garanties pour les transactions lointaines; on établissait des conjectures sur les probabilités éventuelles des prochaines récoltes du riz *benafouli*, du sang de dragon, de la cannelle, du gérofle, du café Bourbon, de la gomme, du thé pekau. L'ivresse industrielle échauffait ces deux cerveaux; l'océan Indien allait leur appartenir, comme à Palmer; ils fondaient des comptoirs sur tous les ports; ils équipaient des flottes marchandes; ils luttaient avec la Compagnie des Indes; ils exploitaient le Coromandel et le Malabar; ils exterminaient les pirates de Bornéo et enlevaient la poudre d'or de cette île. Palmer avait fait tout cela et n'avait rien conservé; ils seraient les successeurs de Palmer et conserveraient tout.

Allez vous méfier de deux commerçants pareils !
Le bon Maurice écoutait, souriait, regardait sa femme et semblait lui dire :

— Mon amie, si je désire ma part de cette richesse fabuleuse, c'est pour la mettre à tes pieds divins.

Le dimanche soir, on se sépara cordialement, chacun ayant sa provision de rêves d'or pour la nuit.

A l'aube du lundi, Maurice était debout sur la terrasse et se préoccupait des austères pensées de ses devoirs pour se donner la force de s'arracher aux délices du toit conjugal. Bernardin descendit, l'air triste et les bras allongés, en signe de découragement.

— Qu'avez-vous donc? lui demanda Maurice d'un ton empressé.

— Moi, dit Bernardin, je n'ai rien; mais ce pauvre Liétor a la fièvre, et quelle fièvre ! Toute la nuit j'ai veillé. Il n'a dormi qu'en sursaut. Il a fait des rêves affreux. Je savais bien, moi, qu'en rentrant ici, il retrouverait toutes les émotions de son naufrage. Je lui ai entendu prononcer cent fois le nom

de Katrina. C'est un amour incurable, décidément.
Je lui ai commencé une autre passion à Port-Natal ;
ça paraissait marcher assez bien ; mais il y a rechute.

— Et croyez-vous que c'est très-sérieux ? demanda Maurice.

— Très-sérieux, non ; c'est un accès. En ce moment, il dort avec calme. Il ne parle plus de miss Katrina ; c'est beaucoup. Je me suis bien gardé de le réveiller, le sommeil tranquille est le meilleur des remèdes et des médecins... Et je suis attendu à la marine, à la douane, aux enchères !... et vous, monsieur Maurice, vous avez vingt courtiers à recevoir !... Voyons, prenons un parti.

— Mais, dit naïvement Maurice, il n'y a qu'un seul parti à prendre, ce me semble...

— Les affaires avant tout, dit Bernardin, comme s'il se fût parlé à lui-même.

— Eh ! oui, reprit Maurice, les affaires avant tout... pourtant, si...

— Il lui faut encore trois bonnes heures de sommeil et un jour de repos, reprit Bernardin...

Voyons, monsieur Maurice, êtes-vous décidé à supporter seul le poids de ce rude lundi ?

— Puisqu'il le faut, dit Maurice avec résignation.

— Eh bien ! partons, reprit Bernardin ; mais auparavant, laissez quelques ordres à l'habitation.

— Je vais recommander M. Adriacen à mon domestique de confiance...

— Oui, interrompit Bernardin, et si son indisposition, ce que je ne crois pas, prenait un caractère sérieux, veuillez dire qu'on vienne tout de suite nous l'annoncer, au comptoir, à Port-Natal.

Quelques instants après, Bernardin et Maurice quittaient l'habitation.

XI

Où le meilleur plan échoue.

La journée commençait bien ; on aurait cru entendre l'orchestre de la nature exécutant, avec toutes les harmonies du métier, l'*andante* pastoral de l'ouverture de *Guillaume-Tell*, où pas une note discordante ne laisse pressentir le formidable ouragan de la *stretta*. En pareille occasion, Weber s'est montré plus philosophe que Rossini : deux notes sèches et brusques des trombonnes semblent protester par un glas intermittent contre l'expansion joyeuse de l'orchestre. On devine que tout va s'assombrir. La nature n'avertit pas, elle aurait trop à faire ; ne vous fiez pas à ses aurores de pourpre et de rose ; le soleil ne se couche pas toujours avec la couleur de son lever.

Un domestique avait déjà reçu d'Elora l'ordre de se tenir debout à la porte de la chambre de Liétor Adriacen et d'entrer au premier appel.

Les heures s'écoulaient et le domestique attendait toujours.

La belle Elora, enchaînée sur la terrasse de l'habitation par le serment exigé de son mari, arrachait, d'un doigt distrait, les filaments de l'écorce d'un baobab pour s'occuper de quelque chose, et lançait, par intervalle et comme à son insu, un regard oblique vers le kiosque du jeune créole, cet étranger à la voix si douce, qui racontait si bien ses malheurs et ses amours.

Le hasard du lever avait mis sous la main d'Élora sa robe favorite, celle qui par sa coupe et ses nuances, rendait complète justice à l'élégance de sa taille. Pour seconder les intentions de ce même hasard, la jeune servante africaine, coiffeuse adroite, avait malicieusement disposé la belle chevelure d'Elora sous les plus avantageuses conditions de l'art naturel. Les fleurs fraîches de l'yang et les petites roses de l'hibiscus s'entremêlaient avec une grâce exquise aux ondulations des tresses d'or, en remplaçant de la manière la plus avantageuse les parures de corail et de perles, trop prétentieuses pour un négligé du matin.

O sainte coquetterie des femmes de tous les pays et de tous les siècles, qui pourra sonder tes mystères?

En voilà une innocente parmi les plus sages, virginale épouse qu'aucune idée mondaine n'a pervertie, et qui emploie de petites ruses civilisées comme des poëtes didactiques de *l'Art de plaire;* créole naïve qui ne connaît pas tous les dangers de ces innocentes provocations, où la volonté, la raison, le cœur ne jouent aucun rôle, et qui n'ont que l'instinct pour agent. Elora ne se doutait point qu'un œil invisible suivait tous ses mouvements et interrogeait les lentes aiguilles d'un chronomètre, placé par Bernardin entre les mains de Liétor, comme le régulateur des péripéties de ce grand jour.

Quand la minute qui disait de descendre passa sur le cadran, Liétor trembla sur ses jambes comme un criminel novice qui sent expirer son courage au moment de l'action. Un dernier regard, lancé du kiosque sur Elora, remplaça le courage par la frénésie ; une éruption d'étincelles brûla le front du jeune créole ; i s'excita fortement par l'idée de la solitude, de l'impunité et de la réussite infaillible, et d'un pied raffermi il descendit sur la terrasse de l'habitation.

Dans les préparations de cette scène, Bernardin avait si bien ciselé toutes les poses de Liétor, que le moindre mouvement faux ne pouvait éclairer l'œil le plus habile sur le mouvement de la situation. Le jeune créole s'arrêta au seuil de la maison, regarda les progrès de la lumière sur la voûte des arbres, comme un sauvage qui cherche à deviner l'heure au cadran de la nature, et sans témoigner le moindre étonnement à la vue d'Elora, il la salua du geste et marcha vers elle d'un pas nonchalant.

Dans un éclair de réflexion, rapide comme la pensée, la jeune femme se demanda compte d'un saisissement de terreur qu'elle ressentit, et s'accusa, comme d'une faute, des préméditations innocentes de sa toilette et de ses cheveux.

On échangea d'abord des phrases insignifiantes, telles que la circonstance les dictait. Liétor, qui avait appris de son maître l'art de conduire la conversation sur le terrain obligé, n'eut pas beaucoup de peine à rappeler son naufrage, et ce mot émouvant une fois prononcé, le reste arrivait sans effort et sans oiseuses transitions.

Liétor donna un regard plein de mélancolie à l'horizon de la mer, et dit :

— L'Océan ! l'Océan ! quel grand criminel devant les hommes ! En a-t-il englouti des espérances et des joies dans ses abîmes ! Et il y a toujours des vaisseaux qui le traversent, à la poursuite du bonheur !

Elora n'avait jamais entendu rien de pareil dans ses entretiens avec son mari ; elle admira cette réflexion comme une nouveauté, et son silence expressif engageait Liétor à continuer un discours dont le début lui semblait si beau.

Mais le jeune créole garda aussi le silence, et ses yeux fixés sur la terre exprimaient des douleurs intimes qu'aucune consolation ne pouvait adoucir.

Cette pose, dessinée par Bernardin, était favorable à la situation, elle permettait à Elora de regarder Liétor Adriacen, dont la physionomie avait en ce moment un caractère de beauté peu commune, quoique en dehors de toutes les traditions plastiques des Antinoüs et des Bacchus indiens.

Son visage, dépouillé de l'incarnat de la santé bourgeoise, était plus pâle que de coutume, et faisait mieux saillir le double tison de ses yeux noirs sous ses cheveux, dont l'ébène massif semblait sculpté en faisceau de couleuvres. La jeune femme subissait déjà une fascination irrésistible contre laquelle elle se révoltait en vain ; et la voix humaine, cet instrument mélodieux, que la bouche du criminel module sur son clavier, comme la lèvre de l'ange, allait compléter sur la pauvre colombe l'œuvre commencée par le regard du vautour.

— Oui, madame, dit-il, j'ai fait un rêve, un rêve qui aurait persuadé aux autres hommes que le bonheur appartenait aussi à ce monde ! Une jeune femme était dans mes vœux, comme la pensée de la maternité pure est dans le cœur de toutes les épouses. Je vivais dans son âme, et son âme vivait dans la mienne. Elle avait en elle tous les dons du ciel, la grâce, la bonté, l'esprit ; j'avais, moi tout ce qui permet à l'homme de vivre de ses dons, la fortune et l'amour. Que de fois, assis tous deux sous le chattiram que baigne la vague du Bengale, nous avons donné des sourires d'extase à notre avenir si beau ! La jeunesse peut tout se permettre parce qu'elle peut tout se donner quand un fleuve d'or est dans ses mains. Je lui disais mes rêves, et elle écoutait. Nous préparions à notre mariage une résidence digne des anciens émirs de Java. Mon imagination bâtissait un palais de marbre, dont les péristyles aériens s'avançaient sur l'Océan comme un promontoire de colonnades, et recevraient l'ombre et la fraîcheur aux plus chaudes heures du jour. Elle, ma bien-aimée, devait être la déesse de ce temple de la mer ; elle aurait calmé les tempêtes avec un sourire, elle aurait été invoquée de loin par les matelots en péril; elle aurait recueilli les pauvres naufragés, ou les pèlerins indigents, avec cette hospitalité doublement secourable, qui tient l'or d'un main et de l'autre la coupe de Kérana pleine d'un vin généreux. Comme nos âmes s'exaltaient, lorsque nous étions à la veille de saisir cette vie empruntée aux habitants du ciel! Comme nous préparions nos amours et et nos joies à ce domaine où toutes les grâces natives de la nature indienne allaient trouver des reflets éblouissants dans les lueurs douces des aurores, les incendies des soleils couchants, les irradiations des étoiles, les nuits phosphorescentes de la mer! Et, bonheur plus doux encore que le plus beau rêve d'amour et qui mouillait nos yeux de douces larmes! il nous semblait déjà, dans nos illusions ardentes, voir les enfants de notre union jouer comme les génies du poëte indien, dans des grottes de corail et de perles, ou sur le sable embaumé de Ceylan!

Ce petit discours avait les défauts et les qualités qui assuraient sa réussite sur l'imagination d'Elora ; Liétor le savait par cœur depuis trois jours et le débitait, en ce moment, comme un rôle de théâtre arrangé d'avance et réglé pour que tout mot produise son effet.

A chaque phrase, ce grand acteur faisait quelques

pas en avant, comme malgré lui, dans la direction de la mer, et la jeune femme descendait de la terrasse et suivait l'homme et la voix, comme dominée par ces vertiges qui tourbillonnent aux lèvres des précipices. Elle avait tout oublié ; elle entrait dans le rêve d'un autre ; elle habitait un autre paysage, elle voyait un autre soleil, une autre mer, un autre horizon ; elle effleurait, de la pointe de ses pieds nus, cet Océan de saphir, qui conduisait aux colonnades lumineuses et aux grottes des ondines, où les génies sèment les perles et les coquillages pour les jeux des petits enfants.

La terrasse et le serment étaient oubliés !

Liétor continuait sur un autre ton et marchait toujours.

— Il était beau, n'est-ce pas, cet avenir ! il était facile à réaliser ce rêve d'amour pur ! Notre palais n'avait point pour base des nuages et des vapeurs d'or. Nous avions déjà convoqué au chantier de l'Océan mille ouvriers, enfants de ces travailleurs indiens qui ont sculpté toutes les montagnes du Bengale, à la surface du sol et dans les ténèbres des souterrains. Notre édifice était bâti sur le roc,

et aussi durable que l'amour né dans notre cœur !
Un souffle a passé ; souffle qui renverse tout ; le
souffle de la mort ! Un jour nous traversions cet
Océan, cet éternel ennemi de la terre ; nous allions
à la ville du Cap demander à nos familles leur sainte
bénédiction ; le lendemain devait unir les fiancés de
la veille... La mort a soufflé son ouragan et tout
s'est écroulé. Le néant me reste ; je me survis à
moi-même. Mon âme était mon amour !

Liétor se détourna, comme pour cacher pudiquement ses larmes, et il consulta son chronomètre régulateur.

Elora, émue profondément, écoutait encore la voix qui ne parlait plus.

On était arrivé sur le rivage, et la jeune femme se croyait encore sur la terrasse de l'habitation.

— Le voilà cet Océan impitoyable ! reprit Liétor ; comme il est tranquille aujourd'hui ! il est encore tout disposé à changer son miroir en abîme, s'il voit passer un vaisseau qui porte le bonheur d'un homme ! Oh ! je voudrais pouvoir réunir à cette place toutes les victimes que cet Océan a faites depuis son premier jour, et entendre leur cri de malédiction ; ce cri serait écouté de Dieu, et le soleil dessécherait l'Océan !

Dans le profond silence des solitudes le moindre bruit arrive à l'oreille et fait tressaillir.

Elora fut comme réveillée en sursaut par un murmure lointain qui la ramenait à la réalité humaine. Elle regarda l'Océan et vit une chaloupe qui doublait le petit promontoire du Port-Natal. Deux rameurs faisaient de grands efforts pour aborder à la petite anse de l'habitation, car la voile ne trouvait pas un souffle d'air et tombait lourdement sur le mât.

La jeune femme tressaillit ; elle avait cru reconnaître l'un des rameurs. Au même instant, elle reconnut aussi sa faute, et baissant la tête comme une femme coupable devant Dieu, elle se précipita sur l'avenue de *Paradise-Natal.*

Une main, vigoureuse comme une griffe de démon l'arrêta au premier élan.

— Laissez-moi ! laissez-moi ! s'écria la jeune femme dans le délire de son réveil, j'ai désobéi à mon mari et à Dieu !

— Eh bien ! tu t'es perdue ! dit Liétor en la retenant avec violence, il n'y a plus de pardon pour toi ! Viens, viens, tout ce que je t'ai dit n'est qu'un mensonge. C'est toi que j'aime, et je n'aime que toi au monde. Ce beau rêve d'amour, c'est toi qui me l'as inspiré ! Viens, belle entre les belles ; quitte les ennuis de ce désert ; l'amour de ton mari est affreux comme la haine. Tu es pauvre, et ta beauté mérite la richesse ; tu es seule, et ta beauté mérite l'encens du monde. Je suis ton esclave ou ton maître, choisis.

Élora n'écoutait plus rien ; elle se débattait avec cette énergie qui rend viriles les plus faibles femmes au moment des suprêmes périls.

La chaloupe touchait au rivage. Liétor serra la jeune femme dans ses deux bras d'acier, l'enleva sans peine, et, chargé de son fardeau, il marcha vers le bord de la mer.

Étreinte par le ravisseur, Élora poussa ce cri strident, cette note de détresse, cet *ululatus* des femmes qui épouvantait les soldats dans les villes prises d'assaut.

Ce cri expira sans écho sur l'Océan ; mais du côté de la terre, une oreille plus qu'humaine l'entendit.

Enfermé dans son hangar, l'éléphant Nabab bondit sur ses quatre piliers de bronze, et, trouant d'un coup de trompe la cloison de bois, il courut avec l'agilité du tigre vers le rivage, en répondant au cri de la femme par des mugissements sourds, assez semblables au fracas souterrain d'un volcan avant l'éruption.

La trompe haute, les défenses tendues, les oreilles frémissantes, le géant ne suivit pas les routes tracées dans les jardins; le chemin eût été trop long; il brisa les haies vives, perça les massifs de verdure, déracina les jeunes arbres, renversa les cloisons, toujours sur une ligne droite, sans perdre un pouce de déviation, et apparut tout à coup aux ravisseurs, comme une trombe de granit noir tombée du mont Lupata, pour donner un reflux à l'océan Indien.

La barque avait recueilli Liétor et sa victime; elle s'éloignait du rivage, et les deux rameurs, saisis d'effroi, se courbaient sur les bancs et creusaient une mer lourde. La jeune femme luttait toujours avec son ravisseur, qui se servait des longues tresses de cheveux déroulées dans ses mains pour la retenir à demi suspendue sur l'abîme.

L'éléphant se précipita du haut d'un tertre de rocher, souleva une cataracte d'écume et disparut; on n'apercevait plus que sa trompe, verticalement tenue au-dessus de l'eau comme le mât d'un navire sombré.

Bernardin conduisait lui-même l'embarcation. Il savait quel puissant nageur courait dans le sillon sous-marin de la barque, et abandonnant les rames, il prit la carabine des chasseurs d'ivoire, se leva comme une sentinelle sur un créneau menacé, attendit Nabab, et, au moment où deux larges oreilles se hérissèrent à la surface, il visa le seul côté vulnérable du géant et fit feu deux fois.

Elora poussa un cri désolé, comme une mère qui voit son enfant rouler dans un précipice; de larges teintes de sang s'épanchèrent autour du canot.

— Je l'ai tué! s'écria le chasseur.

Elora répondit par une plainte sourde et s'évanouit sur les genoux de l'autre.

Au même instant, l'eau trembla comme si elle eût été agitée par une éruption sous-marine; la barque bondit sur sa quille et chavira, lançant au gouffre tous ses passagers. L'éléphant, blessé, cueillit entre deux eaux sa jeune maîtresse, comme il eût fait d'une feuille d'algue, la plaça et la retint sur son col, nageant à reculons, les défenses tournées vers l'ennemi; il gagna la rive, et déposa son précieux fardeau sous une voûte épaisse de tamaris.

La jeune femme avait repris ses sens, elle prodiguait ses caresses au géant sauveur, et le félicitait en termes enthousiastes sur son intelligente délicatesse, comme si la langue humaine eût été comprise par lui.

Il y avait, en effet, de quoi complimenter Nabab; il venait de s'élever à la hauteur de l'homme, non pas en portant un secours si prompt, mais en déposant Elora aux limites désertes de son domaine, pour ne pas donner l'alarme ou le scandale, et la laisser elle-même seule juge des exigences du moment et des difficultés d'une rentrée sous le toit de l'habitation.

Avant tout, Elora rajusta du mieux qu'elle put le désordre de ses cheveux et de sa toilette, sous les ardeurs d'un soleil tropical qui fit bientôt disparaître les traces humides de l'Océan.

Nabab, de son côté, lava sa blessure avec de l'eau

douce, et appliqua sur elle des feuilles de latanier, d'un air insouciant, comme un vieux soldat qui ne veut pas faire à une égratignure l'honneur de la soigner au sérieux.

Cela fait, la jeune femme montra l'avenue à Nabab, et, marchant à petits pas, comme au retour d'une promenade ou d'un bain, elle reprit le chemin de l'habitation, après avoir jeté un dernier regard sur l'Océan, qui ne conservait aucune trace de l'horrible scène. Chaloupe et passagers, tout avait disparu. On ne voyait qu'une nappe infinie de saphir incrustée de paillettes de soleil.

En passant devant la ferme, Nabab affecta une démarche indolente et l'allure des autres jours; il jouait avec les branches flottantes; il aspirait une énorme provision d'eau douce et la faisait retomber en pluie sur les tapis de fleurs; il coupait à la racine une tige de férule et la faisait tourner rapidement comme pour amuser sa maîtresse, et, malgré les sombres préoccupations du moment, Elora ne pouvait s'empêcher de sourire, en voyant Nabab si bien pénétré de l'esprit de la situation.

Personne n'avait remarqué l'absence de la maîtresse et de son favori; il était facile de trouver une raison pour expliquer la brèche faite au hangar de l'éléphant, si Maurice l'apercevait à son retour.

Mais en consultant son miroir, Elora pensa qu'il était beaucoup plus difficile d'expliquer les traces de violence laissées par les mains du ravisseur sur son visage et sa poitrine; elle était donc résolue à ne rien dire de cette affreuse histoire, tant la faute lui paraissait grande et indigne du pardon de son mari! En réfléchissant sur sa prochaine entrevue avec Maurice, elle reconnut avec effroi qu'elle venait d'inventer un autre crime inconnu, le mensonge : deux crimes envers son mari! et le même jour! et pour cacher le premier il fallait recourir au second!

Ainsi couverte de la désobéissance et du mensonge, deux crimes contre la fidélité conjugale, Elora s'effraya d'elle-même, et, pour la première fois, elle attendit sans impatience le retour de son mari.

XII

Nouvelle complicité.

Maurice avait subi pendant de longues heures les ennuis du comptoir et soupirait après le retour d'un associé, lorsqu'il entendit sur le vestibule un bruit fringant de pas, accompagné d'un fredonnement d'air joyeux; la porte s'ouvrit avec fracas, et Bernardin parut, les mains chargées d'échantillons.

— Nous arrivons, dit-il, moi d'un côté, lui de l'autre; il a dormi la grasse matinée; il est guéri de sa fièvre. Je l'ai laissé au jardin, entre deux courtiers, pour le maintenir en transpiration. Moi, j'ai accompagné le brick *les Deux-Cousines*, jusqu'à l'îlot. En revenant sur l'embarcation, la mer était si bonne qu'elle m'a tenté; j'ai pris un bain de longueur entre deux affaires. Que s'est-il passé en notre absence? Voyons. Y a-t-il du nouveau?

Le novice associé Maurice fit son rapport très-péniblement, en homme qui exerce une profession incompatible avec ses goûts, imposée par la circonstance, le besoin ou le devoir.

Tout en furetant, lisant, ouvrant, fermant, s'asseyant, se levant, Bernardin continua ainsi, en mettant un intervalle de respiration ou une parenthèse après chaque phrase :

— Ce soir, à six heures, vous savez... Non... Vous ne savez pas... je le crois, du moins... Ah! il faut vous dire avant... Où diable ai-je mis cette facture de Gaspard Does?... Demain nous faisons la conduite du trois-mâts *le Caveri*, capitaine Marcus Dussen... un honnête homme, celui-là... Nous gagnons avec lui un demi pour cent par tonneau... Liétor l'a invité à dîner... Tiens! voilà la quittance que j'ai cherchée trois jours!... Oui, Liétor l'a invité à dîner au nom de toute la maison... N'oublions pas de signer toutes ses offres de service... Nous nous sommes réduits à un pour cent pour faire pièce à la concurrence... Ainsi, nous dînons à six heures... sept au plus tard... Le *cook* de M. Knowles, notre voisin, nous prépare un karrik au safran avec de la vraie poudre de Sourabaïa... N'oublions pas de répondre à M. Banks que ses colis étaient avariés; prenez note de ça, monsieur Maurice... c'est dans vos attributions... Depuis que les Chinois ont contrefait la poudre de karrik, les nids d'hirondelles de mer et la soïa, on ne peut plus faire un vrai dîner à l'indienne... Ces Chinois contrefont tout... ce sont eux qui ont inventé la lune pour contrefaire le soleil... Nous ferons un dîner charmant; Liétor a invité un Français qui chante des chansons à mourir de rire et fait des calembours à chaque mot. Il est élève d'Odry, du fameux Odry!

Maurice, écrasé par cette avalanche de mots et de parenthèses, ne comprit qu'une chose réellement sérieuse pour lui : *Le dîner à six heures ou sept au plus tard.* Là s'élevait une objection invincible.

— Vous savez, dit-il, que je suis attendu tous les soirs à l'habitation, et...

— Bah! interrompit Bernardin, une fois n'est pas coutume!... Au nom du ciel, monsieur Maurice, n'allez pas nous faire faux bond! Liétor compte sur vous; vous le désobligeriez infiniment. Prenez garde! les créoles de sa nation sont susceptibles. Il se fâcherait tout de bon. Nous autres garçons, nous ne comprenons pas qu'on refuse un dîner d'affaires et d'amitié pour une femme. Il faut que notre maison soit représentée au grand complet à ce dîner. Trois associés c'est la trinité du crédit, le triangle de la force, le symbole maçonnique des Anglais et des Hollandais de l'Inde. Pesez bien cela! ôtez une ligne à un triangle, il ne reste rien...

— Mais ma femme!... dit le bon Maurice d'un ton suppliant.

— Votre femme! interrompit Bernardin, elle sait tout ce que M. Adriacen a fait pour vous, et elle vous pardonnera bien d'avoir témoigné votre reconnaissance en acceptant un dîner.

Ce trait rude, décoché sans bégayement, perça le créole primitif jusqu'au fond du cœur. Bernardin feignit le regret et l'attendrissement après la franchise injurieuse, et, changeant de ton :

— Allons, monsieur Maurice, lui dit-il, soyez donc raisonnable; ne désobligez pas un ami, un associé. Excusez-moi si je vous ai parlé du bienfaiteur. Il ne s'agit que de prévenir votre femme par un billet qu'un de mes commis lui portera...

— Puisqu'il le faut, interrompit Maurice, j'irai moi-même à l'habitation.

— Vous y resteriez! interrompit Bernardin en riant...

— Oh! je vous jure!... reprit Maurice, la main sur le cœur.

— D'ailleurs, monsieur Maurice, nous avons ici des affaires jusqu'à six heures. M. Liétor dirige les préparatifs du festin; moi, j'ai encore trois affaires à la Marine, et vous avez cinquante lettres à signer et à collationner sur la copie, cinquante lettres qui doivent partir avec le courrier de ce soir... Voyons, mettez-vous là et écrivez votre billet à madame... je vais vous le dicter...

Maurice inclina la tête, comme une victime résignée, prit une plume, et Bernardin dicta :

« Chère amie,

» Je suis forcé par les affaires d'accepter ce soir, à sept heures, une invitation du capitaine Marcus Dussen. Le commerce est un tyran, mais il enrichit et donne la liberté. Je rentrerai ce soir fort tard à l'habitation. Ne m'attends pas. Fais fermer de bonne heure toutes les portes, comme si j'étais rentré. »

— Ajoutez toutes les tendresses conjugales que vous voudrez, et signez, dit Bernardin.

Ensuite, il prit la lettre, et ajouta :

— Je me charge de la faire remettre, soyez tranquille ; achevez votre besogne de comptoir ; moi je vais au jardin pour délivrer Liétor des deux courtiers qu'il a sur les bras.

Maurice subissait tout, car sa position ne lui permettait pas la lutte. La pensée de sa femme lui donnait la résignation, et même une sorte de bonheur amer ; il souffrait pour elle, et à l'extrémité de tous les chemins semés de broussailles, se dressait l'image ravissante d'Élora. Une comparaison fort naturelle s'offrait sans cesse à l'esprit de Maurice, dans les pénibles heures de son travail forcé : la vie de la terre était à Port-Natal; la vie du ciel à l'habitation. Aucun sentier de fleurs ne mène l'homme au paradis.

Liétor se promenait avec une agitation étrange, au fond du jardin, en attendant son conseiller.

— Ah! s'écria-t-il en l'apercevant, parle vite; a-t-il accepté?

— Oui, dit froidement Bernardin, mais de fort mauvaise grâce.

— Cela m'est bien égal! as-tu le billet?

— Oui, et j'ai le facteur aussi.

— Un facteur intelligent, au moins?

— Un autre Bernardin; c'est mon élève noir; le meilleur de tous mes élèves, parce qu'il ne change jamais de couleur.

— Tu vois, Bernardin, reprit Liétor, que tout marche à merveille. Élora n'a envoyé aucune dépêche à son mari. Personne n'est venu de l'habitation, donc toutes mes conjectures sont justes.

— Dieu le fasse! dit Bernardin.

— Bernardin, je te le répète, j'ai la plus grande confiance en toi, mais sur le chapitre des femmes, je te récuse comme juge. Tu ne les connais pas. Tu n'as étudié que les hommes. J'ai fait le contraire, moi. Ce matin j'ai entraîné la belle Elora du seuil de sa porte au bord de la mer. Elle m'écoutait dans l'ivresse des extases; elle m'aurait suivi au bout du monde si la mer ne nous eût pas arrêtés. Cette femme m'aime... Tu secoues la tête, Bernardin? tu fais l'incrédule, je t'excuse, tu n'as pas vu cette scène de fascination...

— Non, mais j'ai vu la scène de l'enlèvement, interrompit Bernardin, avec un sourire sardonique.

— Ah! voilà ce qui fait ton erreur! reprit Liétor; tu ne connais pas les femmes. C'est ton plan maladroit qui a tout détruit ce matin. Elora s'est transformée subitement dès qu'elle a vu la chaloupe et deux rameurs. La colombe est devenue panthère. Cela se conçoit. Elle s'abandonnait au charme d'un tête-à-tête, elle a reculé devant deux témoins; toute femme mariée aurait agi comme elle. Maintenant je me fais fort de tout arranger avec deux mots d'explication. Elle n'aime pas son mari et elle m'aime. Elle acceptera comme excuse la violence de mon amour. Je connais les femmes. Toutes celles qui ont péri par le poignard adoreraient leurs assassins si elles sortaient de la tombe. Tu ne sais pas cela, toi?

— Non, dit sèchement Bernardin, en sifflant un air de danse espagnole.

— Veux-tu donc te rendre à l'évidence? dit Liétor, piqué au vif.

— Je veux bien.

— Il est cinq heures, n'est-ce pas?

— Ceci est incontestable, dit Bernardin en regardant sa montre.

— Eh bien! cette femme violemment enlevée a déjà eu le temps, depuis ce matin, d'envoyer trente lettres à son mari, pour l'instruire de tout. Elle a eu le temps de venir dix fois à Port-Natal, à pied, à cheval, en éléphant... Qu'a-t-elle fait?... rien... elle veut donc tout cacher à son mari... est-ce évident?... réponds... sois de bonne foi.

— Je ne connais pas les femmes, dit Bernardin en pirouettant sur ses talons.

— J'avais suivi tes conseils, reprit Liétor; je tenais dans le port mon yacht tout prêt à mettre à la voile. Il n'y a pas de police dans ce pays, mais tout le monde y est procureur du roi. Il fallait donc avoir le pied levé, pour s'envoler au premier coup de tocsin, me disais-tu; et tu avais raison. En ce moment tu as tort. Il n'y a plus de tocsin à craindre, et les conseils que je me donne sont les seuls que je suivrai.

— Tant pis pour vous! dit Bernardin.

— Tu veux donc me tenir en tutelle toute ma vie? demanda Liétor.

— Ma foi! c'est ce qui pourrait vous arriver de mieux si vous tenez à vieillir.

— Enfin, reprit Liétor, ne discutons plus. Je t'ai confié ce matin mon plan; tu le trouves absurde, je le trouve bon, et je le suivrai jusqu'au bout. J'en accepte toutes les conséquences...

— Mais, moi, je ne les accepte pas, interrompit Bernardin.

— Et que prétends-tu faire, Bernardin?

— Vous abandonner à vos folies d'amoureux. Je vous ai rendu mes derniers services; j'ai fait accepter l'invitation à dîner, j'ai expédié la lettre du mari à l'habitation, ma carrière diplomatique est finie. Je ne veux plus me retrouver une seconde fois nez à trompe avec un éléphant.

— Poltron !

— J'ai fait fortune.

— Ah ! tu as dit le grand mot, Bernardin ! A qui la dois-tu, ta fortune ?

— A moi.

— Déjà ingrat !

— Je suis un homme. On voit bien que vous ne connaissez que les femmes.

— Ainsi, tu ne m'assisteras pas ce soir dans mon plan ?

— Je puis ne commencer mon ingratitude que demain... mais à une condition.

— Laquelle ?

— Oh ! presque rien...

— Voyons, parle, dis ta condition.

— Vous me donnerez, pour le capitaine de votre yacht, un ordre signé de vous, pour mettre ce petit navire à ma disposition.

— C'est facile... tu veux donc partir ?

— Je n'ai rien arrêté, mais je suis toujours à la veille d'un départ.

— Cela accordé, je puis compter ce soir sur toi?

— Oui... mais tout ingrat que je suis, je veux faire une dernière tentative pour vous arrêter sur le chemin de l'habitation. Voulez-vous continuer à vivre avec moi en bonne intelligence? ne me donnez plus d'inquiétude. Quand j'étais un pauvre diable je serais entré dans la caverne d'un lion pour gagner une piastre en sortant. Aujourd'hui je respecte ma vie; rien au monde n'est plus digne de respect que la vie d'un homme heureux. Moi, je n'ai pas vos ennuis; moi, je n'ai pas comme vous la phthisie de l'imagination, je n'ai pas besoin des épices du danger pour donner quelque saveur à mes plaisirs. Je suis né pauvre, avec des bras indolents et un esprit actif; mon esprit a travaillé, comme l'ouvrier le plus laborieux; j'ai gagné de l'argent à la sueur de mon esprit; ma tête a besoin de repos. Je veux prendre ma place parmi les oisifs du bonheur. Assez longtemps j'ai semé des songes, il me tarde de recueillir des réalités. Voulez-vous renoncer à votre passion? je reste avec vous. Persistez-vous? je pars.

— Renoncer, dit Liétor ; impossible ! hier, peut-être, aurais-je pu le faire ; aujourd'hui, non. Ma vie est dans cette femme. J'ai lu son amour dans ses regards, et je l'aime, moi, comme rien n'a été aimé en ce monde. Entre la veille et le lendemain, il y a un siècle écoulé. Hier j'étais fou, aujourd'hui je suis amoureux.

— Vous n'avez pas changé, dit Bernardin en haussant les épaules, allez à votre destin, je ne vous retiens plus.

Liétor n'écoutait plus Bernardin, il avait mis toutes ses pensées dans son projet du soir, et il caressait, avec une tendresse paternelle, son plan nocturne, comme le premier-né de son imagination.

XIII

Nouvelle complicité. (Suite.)

Le succès couronna complétement l'introduction de ce plan nouveau qu'avait arrangé l'imagination de Liétor Adriacen. Les dîners entre associés et correspondants commerciaux sont chose habituelle. Maurice mis dans la nécessité d'assister à ce festin, le reste n'était qu'un jeu.

Avec de l'or, il est facile dans tout pays civilisé de se procurer des mets exquis, des vins de

France, des convives, et même des amis jusqu'au dessert.

Le faux capitaine Dussen et le Français facétieux jouèrent très-bien leur rôle, l'un avec sa gravité, l'autre avec ses gais propos. Maurice ne s'était jamais trouvé à pareille fête; il fut d'abord taciturne, mais à mesure que les *toasts* proposés par le capitaine devenaient plus nombreux, il se dérida, et prit sa part dans la gaieté générale. La crainte de paraître ridicule ou impoli lui fit vider vingt fois sa coupe de cristal de Labiata, où la main du Français jovial versait les vins de toutes les origines, de tous les climats du soleil.

A chaque toast, les convives disaient :

— En voilà un qui est accepté avec enthousiasme !

Ou avec cette variante :

— Ah ! voilà un toast qu'il est impossible de refuser ! On avait bu successivement aux *Génies* du commerce, de l'industrie, de l'agriculture, des arts, de la navigation, de l'économie politique, de a prospérité australienne, des fondateurs du Port-

Natal. Chaque *Génie*, un toast. Chaque convive ensuite eut le sien. Puis on passa aux femmes et aux fiancées des convives.

L'épaisseur coloriée des coupes dissimulait beaucoup de fraudes bachiques ; seul, Maurice, s'acquittait de son rôle de buveur sérieux jusqu'à la dernière goutte du devoir. Déjà tous les tisons du Bacchus indien cerclaient de lames de feu le front du candide jeune homme ; un dernier toast à l'Amour, toast largement puisé dans les vignes de Constance, acheva l'œuvre coupable des endormeurs. Maurice étançonna son menton, en appuyant son coude sur la nappe ; puis, la tête devint si lourde, que le soutènement s'écroula sous le poids : le front, chargé de vapeurs, frappa la table et ne se releva plus.

L'élève noir de Bernardin, le porteur de la lettre, était rentré depuis longtemps à Port-Natal, et il attendait dans le vestibule, pour rendre compte de sa mission. Son rapport répondait à toutes les espérances de Liétor Adriacen. Le messager racontait qu'il avait remis le billet du mari à la jeune femme, qu'elle l'avait lu deux fois, qu'un éclair de satisfaction avait lui sur son visage, et qu'elle avait congédié lestement le facteur, en lui disant : C'est bien !

L'élève noir avait très-bien observé le visage de la jeune femme. En effet, en lisant ce billet étroitement construit, elle put se convaincre d'une vérité, qui, pour elle, était la chose la plus importante du moment ; Maurice ignorait les événements du matin. On pouvait ensuite tirer de ce billet une autre conséquence rassurante ; Liétor et Bernardin avaient péri tous deux dans leur expédition ; un coup de défense d'ivoire les avait tués, ou l'Océan les avait engloutis : Maurice ne parlait ni de l'un ni de l'autre dans son billet ! Les conjectures d'Elora paraissaient donc très-fondées. Hélas ! les conjectures sont toujours d'ingénieuses erreurs.

Dussen et le jeune Français, ayant rempli leurs rôles, se retirèrent sur un geste de Liétor ; le premier s'arrêta un instant sur le seuil, et regardant d'un air sinistre le pauvre Maurice, étendu sur une natte, il haussa les épaules et communiqua aux autres une pensée horrible, par une pantomime très-expressive, et que rendait plus claire encore une lame de poignard, tirée de son fourreau. Il faut rendre au moins cette justice à Liétor et à Bernardin, ils se révoltèrent tous deux contre le signe de Marcus Dussen; leur perversité recula devant un crime de sang.

Ils restèrent seuls et regardèrent quelque temps Maurice, endormi dans un sommeil de plomb ; Liétor s'empara très-aisément de deux clefs précieuses dont il connaissait l'usage, et qui le rendaient maître de l'habitation.

Bernardin continuait à tout désapprouver par des gestes ironiques, des murmures sourds et des mouvements d'épaules.

Liétor ne remarquait rien.

Son plan lui paraissait plus beau et plus infaillible que jamais, depuis le rapport du messager noir.

— Toujours décidé? dit Bernardin, comme se parlant à lui-même.

Liétor le regarda d'un air ébahi.

— Es-tu fou, Bernardin? lui dit-il; il me semble que je réussis comme un succès.

— Oui, interrompit Bernardin d'un ton railleur, vous enfoncez très-bien les portes ouvertes ; mais après ?

— Après ?... reprit Liétor, en montrant les clefs. Voici qui ouvrira les portes fermées.

— Enfin, dit Bernardin en s'inclinant, j'ai voulu faire mon devoir jusqu'au bout.

— Ne perdons pas une minute de plus, reprit Liétor, en consultant sa montre. Peut-être suis-je attendu ?

Bernardin étouffa un éclat de rire devant cette naïve fatuité de millionnaire amoureux.

Liétor donna un dernier regard à Maurice, qui dormait toujours avec l'immobilité du cadavre, et faisant à Bernardin un geste bref, il dit :

— Partons.

La nuit était sombre sous les arbres, mais dans les éclaircies des terrains défrichés, pleuvaient à flots des rayons d'étoiles. La clarté vaporeuse des constellations indiennes allait prolonger jusqu'au jour le crépuscule du soir. Au premier arbre de la longue avenue de *Paradise-Natal*, Bernardin s'arrêta, et dit à Liétor :

— Je ne vais pas plus loin, et je vous demande la faveur d'un bon serrement de main.

Il y avait en ce moment un véritable accent de tristesse dans la parole de cet homme. Il reste toujours au fond des natures perverties une étincelle d'en haut; cette étincelle est le germe du repentir; il fructifie quand il n'est pas étouffé.

Liétor Adriacen, tout entier absorbé par sa passion, ne savait plus qu'il avait un acharné compagnon de route; il tressaillit nerveusement, prit la main offerte et la serra comme à son insu.

Tout à coup Bernardin se ravisant, par un égoïste retour sur lui-même, dit à Liétor :

— A propos, nous avons oublié ce qui est convenu entre nous...

— Qu'avons-nous oublié? dit Liétor, en frappant la terre du pied comme un étalon retenu à son premier élan.

— Eh! reprit Bernardin, mon ordre pour le capitaine de votre yacht!

— C'est vrai, dit Liétor; c'était convenu, je te le donnerai demain.

Et il se mit en marche d'un pas précipité.

— Halte! dit Bernardin, en l'arrêtant par le bras, demain est trop loin. Il faut l'ordre aujourd'hui.

Le ton de Bernardin était menaçant dans sa froideur ; ses yeux verts reflétaient le feu des étoiles ; un démon n'aurait pas mieux posé dans ce paysage désert.

Liétor s'effraya, et dit d'une voix douce :

— Eh bien ! puisque tu tiens si fort à cet ordre, je vais te l'écrire au crayon.

Il prit son large portefeuille, en déchira une feuille, écrivit l'ordre sous les yeux de Bernardin et signa.

— Voilà tout ? ajouta-t-il en souriant.

— Maintenant, adieu, dit Bernardin. La nuit sera bonne pour tout le monde ; Dieu vous garde de l'exception !

Les deux jeunes gens se séparèrent. Liétor continua sa route dans l'avenue, et, quoiqu'il marchât très-vite, ses pas ne faisaient aucun bruit; ils étaient amortis par les gazons.

Arrivé devant la grille, le hardi créole éprouva une terreur si grande qu'elle fit trembler la clef dans sa main ; aussi la porte ne fut ouverte qu'avec peine ; on eût dit qu'une invisible main la retenait de l'autre côté : enfin, elle céda sous une dernière et énergique pression ; Liétor la referma, et, retenant son haleine, effleurant avec prudence la cime des herbes, s'arrêtant au moindre souffle de la nuit, il se dirigea vers la terrasse de son Paradis.

De son côté, Bernardin marchait rapidement vers le Port-Natal, et toutes les fois qu'un rayon d'étoile perçait une crevasse de verdure, il lisait cet ordre précieux qui le rendait maître de sa liberté et d'un yacht superbe, cité comme le plus fin voilier de l'Océan.

Tout à coup, une idée horrible tomba dans la tête du jeune aventurier et le cloua sur la route comme une statue sans piédestal. Bernardin garda longtemps son immobilité, car la réflexion ne lui inspirait aucune pensée secourable.

— Oh ! dit-il mentalement, en se frappant le front, soyez adroits, soyez habiles, soyez prévoyants, et un grain de sable oublié dans les fondations fait écrouler votre édifice, et vous êtes écrasés sous ses débris!

Une sueur froide inonda sa poitrine encore haletante des ardeurs du jour. Il fit deux pas en avant, deux en arrière, s'arrêta, regarda le sol, les arbres, le ciel, croisa les bras, joignit les mains sur sa tête, les laissa retomber lourdement, puis, croyant avoir trouvé la bonne inspiration, il s'élança par bonds agiles dans la direction de *Paradise-Natal*, avec l'espoir d'atteindre Adriacen. Peine perdue! il arrivait trop tard à la grille.

A travers les barreaux de fer, on ne voyait que la nuit massive des arbres; on n'entendait que le bruit monotone des fontaines et des petites vagues de l'Océan. Le mur de clôture était fort élevé; les pieds et les mains glissaient sur sa surface unie, comme sur une lame d'acier; Bernardin grimpa sur un arbre, dont les longs rameaux tombaient dans l'enceinte de l'habitation, et il résolut de passer la nuit sur cet observatoire végétal, pour écouter les nouveaux murmures que les incidents de cette nuit devaient mêler à ses harmonies naturelles et régler sa conduite sur les révélations mystérieuses attendues par ses oreilles ou ses yeux.

On connaîtra bientôt le motif qui obligeait cet homme à revenir sur ses pas avec tant de frayeur et de précipitation.

XIV

L'éléphant Nabab.

La jeune femme de Maurice avait en effet ressenti un léger mouvement de satisfaction, en lisant le billet de Maurice.

L'intelligence du messager noir n'était pas en défaut.

Mais ce premier sentiment effacé, elle retomba dans la tristesse sombre que les terribles scènes de ce jour lui avaient donnée, et qui s'augmentait encore dans le silence de la solitude et les ténèbres de la nuit, en l'absence de Maurice. Pour la première fois depuis le jour de son mariage, Élora se trouvait dans l'isolement, à ces heures émouvantes qui changent les formes des arbres et donnent des aspects sinistres à tous les objets extérieurs.

Elle n'eut pas même un seul instant la pensée de chercher l'oubli et le repos dans le bienfaisant remède du sommeil ; le feu de l'insomnie brûlait ses yeux ; son visage avait encore la rougeur ardente de la fièvre du matin, et la suave haleine de la nuit ressemblait au souffle d'une bouche amie qui passait devant les persiennes du kiosque, pour consoler et rafraîchir. La jeune femme, légèrement vêtue d'un *sari* de crêpe chinois, attendait le retour de Maurice, et s'appuyant sur la rampe de sa fenêtre, elle prêtait l'oreille à tous les bruits trompeurs qui ressemblaient à des pas.

Dans ces moments d'attente fiévreuse, le hasard se livre à des perfidies étranges pour faire tressaillir et doubler les battements du cœur.

Le vent interrompt le jeu régulier des fontaines ; les feuilles sèches tombent sur un terrain nu ; une porte mal close gémit dans le lointain ; un oiseau pousse un cri sourd et lugubre sur son nid menacé par une couleuvre ; les vieux arbres craquent et fendent leurs écorces vermoulues ; les fleurs de l'yang ouvrent leurs calices ; les phalènes jouent avec les nénufars à la surface des bassins. L'oreille, qui se penche pour expliquer tous ces bruits nocturnes, ne devine rien et donne à toutes ces choses innocentes un caractère alarmant.

Les heures s'écoulaient, et la jeune femme, tourmentée par les folles terreurs qui viennent des ténèbres, priait Dieu et demandait le retour de Maurice à toutes les saintes étoiles du ciel.

Enfin, et cette fois le bruit avait un accent naturel, elle entendit rouler la grille de l'avenue, mais avec une précaution qui lui parut étrange ; et comme l'habitude lui donnait instinctivement la mesure du temps écoulé entre la fermeture de la porte et l'apparition d'un être vivant, elle s'étonna du long retard de son mari, lui toujours si leste, comme tout amoureux qui craint de perdre encore deux instants de bonheur, après en avoir trop perdu par une absence forcée.

On tient compte de tout dans ces heures de fièvre ;

un incident qui passerait inaperçu en toute autre occasion prend alors une importance énorme et inspire d'inexplicables terreurs aux solitaires des déserts.

Élora, toujours voilée par la persienne du kiosque, lançant à travers les lames des regards avides sur la première éclaircie de la terrasse, aperçut une forme humaine qui sortait des ténèbres et marchait sur la pointe des pieds avec la précaution d'un maraudeur nocturne. Son costume était celui de tous les colons, aussi le premier coup d'œil pouvait reconnaître Maurice, mais l'erreur ne pouvait être longue, surtout pour le regard d'une femme créole, amoureuse de son mari.

La lueur des étoiles venait en aide à l'explication du mystère ; le doute fut un éclair. La vérité rayonna tout de suite. Un accès d'épouvante saisit Élora ; le cri expira sur ses lèvres paralysées, elle avait reconnu Liétor Adriacen !

Toutes les pensées qui bouleversent l'âme et brûlent la racine des cheveux éclatèrent à la fois dans la tête de la jeune femme ; elle chancela sur ses pieds glacés, en se débattant avec un reste d'énergie contre un évanouissement fatal qui pouvait la livrer sans défense à son ravisseur. A demi-couchée sur la natte du kiosque, elle se souleva péniblement, rampa jusqu'à la porte, la ferma par un suprême effort de ses mains, et attendit sa destinée dans une sorte de léthargie brûlante, qui lui laissait la perception confuse des choses de la vie, en paralysant toutes ses facultés.

Liétor Adriacen traversa la terrasse, ouvrit la porte de l'habitation, toujours avec les mouvements contenus de la plus minutieuse prudence, monta l'escalier de la chambre d'Élora, et, arrivé au but de tant de ruses et d'efforts, il s'arrêta pour reprendre haleine et courage, deux choses qui lui manquaient à la fois.

Les plus hardis criminels tremblent toujours au moment décisif ; l'ange gardien de la victime parle à leurs oreilles ; c'est le souffle formidable de l'invisible fantôme de Job.

Un instant, Liétor se conseilla de renoncer à son projet ; mais l'ivresse de la passion l'emporta bientôt sur la raison et la peur ; il frappa la porte avec l'angle de son poing fermé, en accompagnant ce bruit de quelques syllabes prononcées d'une voix douce, et qui n'avaient aucun accent particulier.

Un silence profond répondit.

Un second et un troisième coup, frappés en élevant la gradation du bruit et le diapason de la voix, eurent le même résultat.

Liétor connaissait trop bien cette porte, tant de fois regardée, pour se croire dupe d'une erreur d'étage; et d'ailleurs, quand le sang qui tintait à ses oreilles et bouillonnait dans sa poitrine s'arrêtait un instant et lui rendait le sens de l'ouïe, il entendait distinctement de légers bruits intérieurs, et les râles sourds d'une respiration étouffée; toutes choses fort alarmantes, car elles prouvaient que la jeune femme était là, qu'elle entendait tout, et qu'elle 'ouvrait pas à un inconnu, mal déguisé en Maurice.

Cette conjecture se changea en certitude, car, après de nouveaux coups frappés, et une menace d'effraction violente, Liétor sentit la porte trembler, comme si un corps lourd l'eût effleurée en tombant.

— Je suis reconnu ! pensa Liétor ; quel espion infernal a pu détruire un plan si bien conçu !

Et que faire ? Dans les moments de crise, l'honnête homme élève les yeux au ciel pour lui demander une inspiration ; Liétor baissa les siens pour attendre un conseil de l'enfer.

Aucun rayon n'éclaira la pensée du jeune créole ; le crime échouait au seuil d'une porte. L'effraction devait rester à l'état de menace ; Liétor n'avait fait déjà que trop de bruit, dans le silence de la nuit, et dans une maison si voisine de la ferme ; il fallait donc songer à battre en retraite, et ajourner à un autre moment un autre plan mieux conçu. Perdre plus de temps, c'était s'exposer aussi à être surpris par Maurice ; car, à coup sûr, en sortant de son lourd sommeil d'ivresse, le mari d'Élora n'allait faire qu'un bond de sa natte à *Paradise-Natal*.

Un instant suffit à Liétor pour envisager clairement sa position ; la fièvre des grandes émotions condense la pensée de l'homme, et lui fait voir tout un monde en un clin d'œil. Toutefois Liétor Adriacen s'arracha violemment à cette porte adorée, comme un général qui lève un siége ; il descendit avec lenteur l'escalier, et, arrivé à la dernière marche, il s'applaudit d'avoir laissé la porte du vestibule toute large ouverte ; la clarté des étoiles rayonnait dans le corridor.

Il se disposait à franchir lestement le seuil, lorsqu'il aperçut, à deux pas devant lui, une masse énorme, noire, épouvantable, qui barrait le passage, dans une immobilité de plomb. Ses cheveux se hérissèrent, sa voix s'éteignit, une âcre salive brûla sa langue ; un ouragan retentit dans ses oreilles ; une éruption de sang gonfla et fit craquer les veines de son cou... Il était là, debout, sur ses quatre piliers indestructibles, le formidable favori, le géant protecteur ! morne, muet et calme comme l'éléphant Iravalti, sculpté dans la roche souterraine du temple de Dézavantar. La nuit, dans une rencontre au désert, rien n'est plus effrayant qu'un ennemi impassible et armé d'une inévitable puissance de destruction. Cette immobilité réfléchie du colosse semblait dire à Liétor Adriacen :

— Tu ne sortiras pas vivant !

La porte de la salle basse était trop étroite pour donner passage au colosse ; Liétor ne pouvait donc être poursuivi dans la maison ; cette pensée le rassura un peu, après le premier accès de terreur, et lui fit quelques loisirs, qu'il employa rapidement à réfléchir et à trouver un expédient de salut. Il fallait, à tout prix, sortir de l'habitation avant l'arrivée de Maurice. Les étoiles blanchissaient déjà du côté de l'est ; la ferme allait bientôt s'ouvrir, et la jeune maîtresse de la maison pouvait, d'un moment à l'autre, rompre un silence inexplicable et donner l'alarme aux environs. Une seule de ces éventualités probables suffisait pour perdre Liétor Adriacen.

L'extrême péril lui donna un sang-froid factice ; il examina la salle basse pour découvrir une issue ; cette salle n'avait que deux fenêtres, qui s'ouvraient sur la terrasse. Impossible de passer par là ; le colosse geôlier gardait à vue toute la largeur de la façade, et, malgré sa masse, Nabab, plus agile que le plus agile des quadrupèdes, serait accouru au bruit de la fenêtre ouverte, et aurait reçu le criminel à la pointe de sa trompe ou de ses dents.

Il fallait donc renoncer à chercher le salut de ce côté.

Au mur du vestibule était suspendu un trophée

d'armes de chasse, arsenal domestique, qu'on retrouve dans toutes les habitations, mais qui n'était qu'une simple décoration à *Paradise-Natal*, car Maurice ne se classait point parmi les hommes qui abandonnent leurs femmes pour courir après le gibier, sous prétexte d'exercice salutaire ou d'aristocratique distraction.

Cependant Liétor décrocha du mur une lourde carabine vierge et rouillée, et, en la visitant, il s'aperçut que jamais la poudre n'avait noirci son canon.

Les munitions de chasse étaient suspendues aussi, comme complément de panoplie, à la muraille. Liétor aurait payé un million la poudre et les balles qu'il aurait trouvées sous sa main; il bénit le ciel, comme tous les athées en péril, et chargea son arme providentielle.

L'éléphant Nabab regardait tous ces préparatifs homicides avec un calme imperturbable, comme un rocher regarde un javelot; ce ne fut qu'au moment où le doigt de Liétor s'approchait de la détente, que le colosse crut devoir faire un pas à gauche, par luxe de précaution. Il cessait d'être visible, et la terrasse resplendit tout à coup de la clarté des étoiles, comme si un gros nuage noir se fût évaporé au firmament.

Liétor Adriacen tenait à deux mains la carabine, et réfléchissait vite, pour savoir ce qu'il avait à faire.

Si l'éléphant se fût obstiné à rester à l'état de cible, Liétor n'aurait pas hésité à suivre les traditions de tous les chasseurs d'ivoire : il aurait visé, malgré son trouble, le petit coin d'oreille vulnérable, comme Bernardin avait fait la veille, et quoique cette chance de salut ne présentât point un succès complet, il aurait tenté celle-là, malgré son incertitude, puisqu'il n'y en avait pas d'autre à choisir dans cette fatale extrémité.

Nabab avait disparu, la difficulté prenait une forme nouvelle, et paraissait presque invincible. Sans doute, le colosse, prudent, comme tous les êtres courageux, venait de se blottir en embuscade, noir sur noir, dans quelque massif du bois, sur le chemin de la grille, et, dans cette position, le coin de son oreille était impossible à saisir, sous l'imprévu d'une brusque rencontre.

Il fallait se décider, pourtant! l'heure marchait vite; on entendait d'imperceptibles cris d'oiseaux, préludes des chants de l'aurore; les coqs chantaient dans la ferme; la brise de l'aube courait dans l'air et agitait les cimes des arbres, la nature se réveillait avant l'homme, comme une bonne mère avant son enfant.

Liétor Adriacen mit sa main glacée sur son front, comme pour y éteindre un ardent foyer d'insomnie, d'amour et de terreur, et, sans franchir le seuil de la porte, il avança le sommet de sa tête, avec une précaution méticuleuse, pour jeter à la hâte un coup d'œil furtif aux environs.

L'éclair est moins rapide que la lèvre d'une trompe.

Au même instant, Liétor sentit tomber sur son cou un étau de fer, et il fut enlevé comme un kandjil à la gueule d'un tigre. Le géant tenait sa proie, et la gardait vivante au bout de sa trompe, comme pour lui faire souffrir toutes les horreurs de l'agonie, avant le coup de la mort. Les cris du supplicié retentirent dans la solitude et arrivèrent aux oreilles de Bernardin, qui, devinant la catastrophe prévue, se précipita de son observatoire et prit au vol le chemin du Port-Natal.

L'aventurier courait, en proférant des malédictions contre Liétor Adriacen, et il était bien résolu comme on dit vulgairement, à tirer son épingle du jeu, croyant n'avoir plus à ménager un homme si rebelle aux sages conseils, et si dangereux dans les criminelles associations.

XV

Ce que Bernardin n'attendait pas.

Bernardin trouva Maurice encore endormi sur la natte, et il n'eut pas beaucoup de peine à le réveiller, car un long sommeil avait dissipé les lourdes vapeurs de l'ivresse.

Jamais stupéfaction pareille n'éclata sur le visage d'un homme réveillé en sursaut.

Le mari d'Élora croyait continuer un songe ; il regardait Bernardin, il regardait autour de lui, fermait les yeux, les rouvrait, prononçait des monosyllabes gutturaux, et cédait enfin aux efforts de deux mains vigoureuses qui le soulevèrent et le mirent sur ses pieds.

Les premières lueurs de l'aurore blanchissaient les vitres et donnaient à cette scène un caractère sans nom.

— Ma femme! tels furent les premiers mots que prononça distinctement Maurice, et la dernière brume de l'ivresse s'évapora dans une éruption de pleurs.

— Votre femme! lui dit Bernardin avec douceur, est à votre habitation; elle n'a couru aucun danger.

— Et où suis-je, moi? demanda Maurice les yeux effarés.

— Vous avez passé la nuit à Port-Natal.

— A Port-Natal! s'écria Maurice avec un accent de désespoir, et voilà le jour! Mon Dieu! prenez pitié de ma femme!

— Calmez-vous, lui dit Bernardin, et écoutez-moi... Vous êtes tombé dans un piége affreux...

mais la Providence vous a sauvé; elle a sauvé votre femme aussi.

— Mais suis-je bien réveillé! s'écria Maurice en mordant ses poings.

— Oui, vous avez passé la nuit ici, et Liétor Adriacen a profité de votre sommeil léthargique pour entrer dans votre habitation.

— Oh! si vous mentez, je vous tue comme un chien! s'écria Maurice.

— C'est la vérité que je vous dis; Liétor Adriacen a voulu me forcer à l'accompagner pour l'aider dans son exécrable dessein, et je l'ai accompagné, mais pour le détourner d'un crime; il n'a rien voulu entendre; alors, je l'ai abandonné à son malheureux sort, je lui ai dit un dernier adieu à la grille, et je ne le reverrai plus. Depuis deux heures il a cessé de vivre; Nabab l'a tué!

— Et vous avez vu cela? demanda Maurice avec une expression de terreur, de joie et de pitié.

— Je ne l'ai pas vu, je l'ai entendu, et dans la nuit mes oreilles sont des yeux.

— Mais partons, partons, reprit Maurice avec

des gestes convulsifs, que faisons-nous ici?... Mon Dieu! ma femme! ma pauvre femme!... laissez-moi donc partir; venez donc avec moi.

— Oui, je vous accompagne jusqu'à la grille... J'ai bien des choses à vous dire encore...

— Vous me les direz en courant, interrompit Maurice avec vivacité.

Et il s'élança dans le vestibule, ouvrit précipitamment la porte, ne la referma pas, et prit la route de son habitation.

Bernardin suivait son pas rapide, et allait de front avec lui.

— Voici une chose très-grave, lui dit Bernardin; nous avons aujourd'hui des échéances énormes, et Liétor, vous savez, emporte toujours son portefeuille avec lui, or...

— Au diable le commerce! dit Maurice.

— Oui, reprit Bernardin, je suis de votre avis; au diable le commerce, demain, soit! mais aujourd'hui il faut payer ce que nous devons.

— Ce misérable! dit Maurice; je me souviens

maintenant, c'est lui qui remplissait mon verre à chaque toast!... Il est tué, dites-vous?

— Oh! je vous le garantis! tué de reste; Nabab ne plaisante pas.

— Tant pis! je voudrais le trouver vivant; sa mort m'appartenait.

— Vous savez toutes les traites qu'on a fournies sur nous? dit Bernardin, qui revenait toujours à son idée.

— On a fourni des traites? Ah!... maudit soit le jour où cet homme est entré chez nous pour la première fois!

— Oui, oui, dit Bernardin d'un ton larmoyant, nous étions si tranquilles, si heureux à l'habitation... et aujourd'hui il nous faut payer plus de trente mille livres de traites!... Heureusement, vous trouverez son portefeuille sur lui... le portefeuille n'est pas tué.

— Oui, oui, voilà les hommes! redisait Maurice, et on s'étonne quand on me voit m'ensevelir dans un désert!

— Ah! vous êtes injuste, monsieur Maurice, il y a

des exceptions; avez-vous jamais eu à vous plaindre de moi? vous suis-je dévoué, dites?

— C'est vrai, c'est vrai, reprit Maurice en serrant les mains de Bernardin; vous êtes un excellent ami, vous.

— Moi, poursuivit Bernardin, j'ai lutté deux heures avec lui pour l'arrêter sur le chemin de son crime et de sa mort; je vous le jure à la face de ce soleil qui se lève, mes prières et mes menaces ont été inutiles. Je lui ai même fait observer que nous avions des sommes énormes à payer aujourd'hui, rien ne l'a vaincu; il m'a dit : Tu les payeras, toi... Et moi, imbécile, j'ai oublié de lui demander le portefeuille... Ne manquez pas de vous en emparer en arrivant; évitons les protêts, évitons les hommes de loi, au nom de Dieu!

Maurice ne répondait plus; il voyait déjà la cime des arbres de son habitation, et son cœur battait avec tant de violence qu'une halte parut indispensable. Bernardin profita de ce repos pour faire le tableau d'une maison de commerce qui manque à ses échéances, et sur laquelle tombe la foudre d'un premier protêt.

Maurice, après avoir repris haleine, se remit en route, et ne prêtait plus aucune attention aux doléances commerciales de Bernardin; les plus horribles pensées traversaient son esprit; les plus affreuses conjectures lui paraissaient raisonnables, à mesure que la révélation approchait. La mort de Liétor donnait un champ libre aux justes alarmes de l'imagination; elle était, sans doute, pensait Maurice, le dénoûment tragique et la punition méritée d'un drame nocturne où le crime avait tout osé dans les ténèbres et le désert.

On était à quelques pas de la grille; Bernardin arrêta violemment Maurice et lui renouvela, pour la dernière fois, ses alarmes sur les traites en souffrance au comptoir du Port-Natal.

— Eh bien! s'écria Maurice, obsédé par le même refrain irritant, entrez avec moi, prenez le portefeuille, et laissez-moi tranquille!

On était devant la grille de l'habitation.

— Je n'entre pas, je ne puis pas entrer! dit Bernardin au désespoir.

Et cette fois le désespoir était véritable; le menteur éternel ne mentait pas.

— Et pourquoi ne pouvez-vous pas entrer? demanda Maurice en sonnant à la grille, faute de clé.

— Pourquoi? reprit Bernardin... par... ce... que...

Cette fois aussi le bégayement ne mentait pas; Bernardin venait d'apercevoir, à travers les barreaux de fer, un colosse noir qui s'avançait, la trompe haute, avec la double intention évidente de recevoir son maître et d'assommer un ennemi.

Nabab mit la clé dans la serrure et ouvrit, comme aurait fait un concierge. Bernardin, pâle de terreur, se tint à distance, et tout à coup, rassuré par le cadre fort étroit de la grille d'entrée, il cria, sans bégayer :

— Maurice! Maurice! ce soir, si nous ne payons pas, nous sommes déshonorés!

Maurice ferma la grille, après avoir fait une dernière et brusque invitation à Bernardin, et il courut, à côté de Nabab, vers la terrasse de l'habitation.

Bernardin resta comme foudroyé à dix pas de la grille : rappelant à lui toute son énergie et sa virile réflexion, il compara les chances des deux résolutions entre lesquelles il avait à choisir. La première lui conseillait vivement de prendre le chemin du port, et de s'embarquer tout de suite sur le yacht d'Adriacen, pour mettre un bras d'océan Indien entre Maurice et lui; la seconde lui conseillait prudemment d'attendre le portefeuille.

— Maurice, pensait-il avec raison, était dans un état horrible qui ne lui permettait pas d'engager un entretien suivi avec moi sur des affaires commerciales; mais quand il aura vu sa femme vivante et hors de tout danger, il se souviendra de mes paroles tant de fois répétées à dessein, et ne voudra pas compromettre sa tranquillité nouvelle par des soucis de commerce et d'argent.

Pesant avec calme ces deux résolutions, il s'arrêta enfin à la dernière, s'assit sur le gazon, et attendit.

Devant le seuil de la maison un corps humain était étendu; cet affreux spectacle n'arrêta pas un instant Maurice; il franchit le cadavre d'Adriacen, et monta d'un bond l'escalier des appartements; il appela plusieurs fois sa femme d'une voix désolée, et n'obtenant aucune réponse il allait briser la porte, quand un grincement de clef intérieur le rendit à la vie ; la main qui voulait ouvrir était si faible, que le retard parut bien long à l'impatience de Maurice ; enfin, sa femme lui apparut vivante, mais avec un visage d'une pâleur mortelle et les yeux éteints.

Elle sortait d'un évanouissement profond ; elle n'avait rien entendu depuis la scène nocturne d'Adriacen, et ayant cru reconnaître, comme dans un rêve, la voix de son mari, elle s'était levée avec de grands efforts, et avait repris ses sens et son courage en voyant sa chambre réjouie par les rayons du soleil.

Cette fois, la jeune femme raconta tout à son mari, et en se promettant bien de lui faire plus tard une confession complète, et de s'accuser de sa coupable désobéissance et de son innocente coquetterie, sources premières de tant de troubles intérieurs.

Maurice, à son tour, fit sa confession, et raconta toute l'histoire de cette nuit à sa femme, jusqu'à la mort d'Adriacen. Cette catastrophe, si rassurante, donna pourtant à Élora un vif serrement de cœur, dont elle ne se rendit pas compte. Comment pouvait-elle s'affliger, ne fût-ce qu'un moment, de la mort violente de ce redoutable ennemi? La candeur d'Elora n'a jamais résolu ce problème.

Il y a probablement pour les femmes, dans la mort de certains ennemis, quelque chose de poignant qui les étonne et se dérobe à leur analyse ; c'est que, dans le cœur de ces terribles ennemis, brûlait une passion coupable et redoutée, mais une passion dont elles étaient l'objet unique, et que la mort vient d'éteindre une immuable pensée toute pleine de leurs noms, de leurs charmes et de leur beauté.

Ce sentiment étrange ressemblait donc encore à une faute, et la jeune femme s'en accusa encore devant Dieu.

A chaque alarme intérieure de sa conscience elle remontait, par le souvenir, à cette heureuse époque de sa vie où rien ne la troublait dans sa quiétude sereine. L'état présent de son âme lui semblait bien criminel après cette comparaison.

Dans cette résurrection de bonheur qui le détachait de la terre, Maurice avait déjà tout oublié; deux mots interrogatifs d'Élora le rappelèrent aux exigences de la situation :

— Et l'autre? demanda la jeune femme d'une voix timide.

— Et l'autre? répéta Maurice comme un écho, en cherchant à comprendre le sens d'une demande si concise; puis se ravisant tout à coup :

— Ah! l'autre! j'y suis!... Tiens! je l'avais oublié! l'autre m'attend pour...

Élora étendit brusquement la main et arrêta son mari qui se dirigeait vers la porte.

Maurice ne remarqua point le regard étrange qui accompagnait le mouvement d'Élora.

— Il ne faut pas, dit-il, que ce pauvre diable de Bernardin, innocent du crime d'Adriacen, souffre comme s'il était coupable.

— Es-tu bien sûr qu'il soit innocent? demanda la jeune femme.

— Oh! je le garantis innocent, reprit Maurice... Mais tu me fais cette demande d'une singulière façon!... As-tu quelque doute sur Bernardin?

Élora baissa la tête et garda quelque temps le silence ; puis elle dit :

— J'ai appris à connaître, depuis hier, des choses que je ne connaissais que de nom... j'ai appris la méfiance... Maurice, suis mon conseil, ne te rends pas seul au rendez-vous où ce Bernardin t'attend.

— Il m'attend à la grille... j'ai à lui remettre un portefeuille... nous avons des traites à payer au Port-Natal.

— Cela me paraît suspect, dit Élora d'un ton de sibylle.

— Non, non, reprit Maurice avec candeur, il n'y a rien de suspect là-dessous... Attends... ne descends pas... je t'en prie...

— Maurice, au nom du ciel ! dit la femme d'un air suppliant, ne sors pas seul.

— Sois tranquille, mon amie, Xavier et le valet de ferme m'accompagneront...

Il sortit de la chambre et appela Xavier, en faisant signe à sa femme de se tenir à l'écart, dans le désordre de toilette où elle était.

— Il faut enlever le mort, dit-il à Xavier à voix très-basse.

— Nabab l'a enlevé tout de suite après votre retour, reprit le serviteur sur le ton de la demande; il le gardait là pour le montrer à madame ou à vous : avant votre arrivée, jamais nous n'avons pu le lui arracher.

— Où l'a-t-il déposé maintenant? reprit Maurice.

— Dans son hangar.

— Cours et rapporte-moi tout de suite le portefeuille du mort.

Maurice rentra dans la chambre, et dit à Élora :

— Je viens de donner à Xavier quelques ordres, et à voix basse, pour ne pas être entendu par tes femmes; tâchons de garder pour nous le plus de secrets que nous pourrons.

Au bruit des pas de Xavier, Maurice courut à l'escalier et prit le portefeuille.

— Attendez-moi tous deux sur la terrasse, dit-il au serviteur.

Il ouvrit le portefeuille et trouva d'abord une

grande liasse de *bank-notes,* puis quelques lettres décachetées, de formes et d'adresses suspectes. Une première phrase, étalée en vedette sur un rebord du vélin, fit sauter aux yeux de Maurice le nom de *Paradise-Natal;* il fut entraîné, malgré lui, à une sorte d'indiscrétion ; il lut la phrase, puis l'alinéa, puis toute la lettre... Un cri de rage sortit de ses lèvres convulsives, et se retournant vers sa femme :

— Oui, ma chère amie, le ciel t'avait bien inspirée !... Bernardin est complice de Liétor Adriacen !

Elora ne répondit pas. Maurice continua sa lecture, et une correspondance de plusieurs lettres, ainsi providentiellement découvertes, révéla toute la trame ourdie par ces deux hommes contre les époux de *Paradise-Natal.*

— Ceci est à nous ! s'écria-t-il rayonnant de joie ; cette habitation est à nous ! ma maison m'appartient... Prends ce portefeuille, Elora ; lis ces lettres, et moi je vais me faire le *king's proctor* de mes domaines. Attends...

XVI

Nouvelle vie.

Maurice descendit précipitamment l'escalier, trouva sur la terrasse ses deux robustes serviteurs, et leur dit :

— Montrez beaucoup d'insouciance sur vos visages et dans votre démarche, et suivez-moi... Vous vous arrêterez à la grille et vous viendrez à moi quand je vous appellerai.

Bernardin, toujours à son poste d'attente, ne s'étonnait point du long retard de Maurice ; ce retard s'expliquait aisément; il avait beaucoup de choses à dire et à entendre : la grille s'ouvrit même plus tôt qu'il ne l'aurait cru; Maurice fit quelques pas dans l'avenue et s'arrêta comme pour chercher son homme dans les massifs des arbres. L'expérience donne de la finesse au plus candide. Maurice se civilisait.

De son côté, Bernardin observait Maurice et flairait l'air, comme un tigre, pour voir si les exhalaisons étaient pures de perfidie. Ses soupçons lui parurent injustes; il connaissait trop le primitif Maurice pour le soupçonner capable d'improviser un plan de ruse contre un ennemi; et, cédant à cette idée rassurante, il s'avança d'un pas calme et le front serein; Maurice copia ce pas et ce front, et, tendant la main, il dit :

— Soyez tranquille, tout sera payé aujourd'hui.

Au même instant, le jeune créole se précipita sur Bernardin et l'étreignit avec vigueur, en appelant ses deux aides. Une lutte terrible s'engagea.

Bernardin, surpris par l'attaque, poussait des

hurlements de panthère, et à défaut de poignard, il déchirait avec ses dents la poitrine de son ennemi : jeune et plein de vigueur, il reprit soudainement l'offensive ; il enleva Maurice, lui fit perdre terre et le renversa sur le gazon. Le secours arrivait au même moment. Seul contre deux nouveaux assaillants et contre Maurice qui se relevait, Bernardin s'arma de deux petits pistolets, tenus en réserve, et menaça de faire feu.

Xavier, homme de ressource instantanée comme tous les enfants de la nature, ramassa une énorme branche de boabab, arrachée de la tige par le dernier ouragan, et, se couvrant de cet immense bouclier végétal, il le fit écrouler comme un arbre vivant contre Bernardin, le renversa sous une avalanche de feuilles épaisses, en subissant deux coups de feu perdus dans les airs.

L'aventurier se vit bientôt saisi honteusement, comme le tigre au fond de la fosse que le chasseur avait recouverte de feuillages. On le garrotta étroitement, et Xavier et son compagnon le conduisirent à la douane de Port-Natal, où un magasin fut, pour la première fois, changé en prison. Xavier promit d'apporter, le soir même, les pièces de la procédure criminelle pour l'instruction de l'*attorney général de Cap-Town.*

En revoyant Maurice tout meurtri de sa lutte avec l'aventurier, Elora versa des larmes, et, se frappant la poitrine, elle dit :

— Tous ces malheurs viennent de moi ! Je souffre trop de ma faute ; je serai plus calme quand j'aurai tout dit !

Alors elle compléta sa confession aux pieds de Maurice, qui l'écouta sans l'interrompre, et lui dit :

— Ne te fais pas coupable, ma chère femme ; une femme peut-elle jamais avoir tort ? tout vient de l'homme seul, le mal comme le bien. Écoute, Elora ; écoute. J'ai beaucoup réfléchi depuis ce matin, et je crois que toutes mes inspirations me viennent de Dieu, car elles sont justes, et je ne puis m'attribuer l'honneur de les avoir trouvées en si peu de temps. Tu es innocente, Elora ; le coupable, c'est moi ; ne me demande point pardon de mes fautes. J'ai méconnu les intentions de la Providence ; je me suis isolé de mes semblables sur cette terre où nous devons nous aider les uns les autres et défricher en commun les vierges domaines de Dieu ; j'ai fait de toi mon esclave ; j'ai mis ta beauté dans un désert ; j'ai contrarié les instincts les plus innocents de la femme ; j'ai voulu changer violemment sa faiblesse naturelle en force. Toi, ma chère amie, tu t'es révoltée, à ton insu, contre mon égoïsme ; tu as suivi tes penchants à la première occasion offerte ; tu as écouté avec délices d'autres voix, venues du dehors, parce que je ne voulais imposer tyranniquement que la mienne à ton oreille. Il y a eu abus de pouvoir de mon côté : j'ai souffert ce que je mérite, et, toute ma vie, je te serai reconnaissant ; car tu m'as toujours gardé ton amour, et ta révolte n'a été que la distraction d'un moment. Ainsi ne t'accuse plus et pardonne-moi.

Elora écoutait ces paroles, inouïes dans l'histoire conjugale des hommes, et des larmes roulaient sur ses joues et tombaient comme des perles sur son sein.

— Tu es plus instruit que moi, cher Maurice, répondit-elle ; et ce que tu dis doit être vrai, quoique je ne le comprenne pas bien... Tu es donc la cause de tout ce qui est arrivé? Tu m'as inspiré la pensée d'ouvrir le ballot du colporteur, d'acheter une parure que nous ne pouvions pas payer, de quitter, malgré ton ordre, la terrasse de l'habitation, et de suivre ce jeune homme jusqu'au bord de la mer. C'est toi qui as commis toutes ces fautes; moi j'en suis innocente! eh bien! voilà ce que je ne comprendrai jamais... Maintenant voici ce que je comprends. Ma résolution est prise; tu me donneras des fleurs pour ma parure, je n'écouterai que ta voix et je ne quitterai jamais la terrassse de l'hatation.

— Tu es donc bien décidée à m'obéir? dit Maurice en souriant.

— Oui, Maurice ; la femme doit obéir à son mari, dit l'Evangile.

— Mais, reprit le créôle, le mari doit obéir à la justice, dit la raison.

— Enfin, Maurice, commande et tu verras.

— Voici mon ordre : Appelle tes femmes et habille-toi... Point d'étonnement, point de réflexions, obéis.

Maurice embrassa tendrement sa femme et sortit.

Il donna ses ordres avec les plus grands détails aux gens de sa ferme, se munit du portefeuille d'Adriacen, sans oublier les lettres de Bernardin, et, offrant le bras à sa femme, qui paraissait sur la terrasse, il lui dit :

— Ma chère amie, Adam, pour sa faute, fut chassé de son paradis ; nous ne rentrerons plus dans cette habitation. Allons vivre où vivent nos frères. Il y a partout de nobles cœurs qui nous comprendront. La solitude n'est bonne que pour les anges, s'ils descendaient du ciel.

— J'ai promis d'obéir, dit Elora en souriant.

Et les deux époux s'acheminèrent à pied vers le Port-Natal, par l'avenue pleine d'ombre et de fraîcheur.

— Elora, dit Maurice chemin faisant, le plan de ma vie était mauvais ; je le déchire et voici le nouveau. Le procès criminel qui va s'instruire me rendra toute ma fortune, et nous vivrons avec ces bons habitants du Port-Natal. C'est une colonie modèle. Il s'y commet un crime aujourd'hui pour la première fois, et les coupables sont des étrangers. L'honneur de la colonie reste intact. Tu m'as suivi sans me demander où nous allions; je te sais gré de cette obéissance muette. Nous allons de ce pas à l'hôtellerie de Cap-Town ; on y trouve une hospitalité patriarcale ; on n'aurait rien trouvé de mieux dans l'âge d'or, s'il y avait eu des hôtelleries : c'est la maison de tous. Ceux qui payent sont bien reçus, et mieux reçus encore les pauvres de Jésus-Christ. En quelques jours il me sera facile de trouver un joli cottage au bord de la mer, avec de beaux arbres, de belles eaux et de bons voisins. Plus d'isolement, plus de solitude, plus de désert. Nous vivrons comme vit tout le monde et sous la protection de tous.

La jeune femme avait peine à contenir sa joie en écoutant une langue si nouvelle, et ses regards, depuis si longtemps emprisonnés dans d'étroites perspectives, toujours les mêmes, s'étendaient avec ravissement sur une campagne infinie, toute travaillée par la main de l'homme et de la civilisation. La vie se montrait partout, non pas avec son tumulte grossier, son fracas bourgeois, sa foule morne, mais cette vie qui se revêt de tant de charmes, aux limites d'un désert, sur le domaine des bêtes fauves ; la vie qui chante sur les berges des ruisseaux, couvre d'une fumée bleue le toit des fermes, conduit une charrue sur un sol vierge, greffe les fruits doux sur les arbres sauvages, ouvre le sentier de la ville aux chariots des campagnes, change les repaires des reptiles en beaux jardins, et donne enfin aux jeunes mères la sécurité dans leurs amours, quand elles sourient à un berceau.

Maurice et sa femme arrivèrent au Port-Natal vers le milieu du jour, c'est-à-dire au moment où les affaires commerciales sont suspendues, où la *sieste* indienne endort les colons dans les cottages et les marins sur le pont des vaisseaux.

La jeune femme, abritée sous le dôme soyeux de son ombrelle chinoise, marchait en souriant à travers de nouvelles surprises. Ses yeux ne suffisaient plus au spectacle ; elle passait devant des jardins pleins d'ombre, où de petits enfants, blonds et beaux comme des anges, jouaient avec des oiseaux d'or ; elle entendait des bruits réjouissants de fontaines, des chants divins de jeunes filles, des accords d'instruments invisibles, de doux murmures de voix humaines à travers les persiennes ; et les petits chemins restaient déserts et sablés d'étincelles de soleil ; et le port tout joyeux de ses navires, gardait le silence du repos, et, du haut de ses mâts, n'envoyait à la rive que les frétillements de ses pavillons et de ses banderoles agités par le souffle du Midi.

Il fallait cette diversion puissante pour faire oublier en si peu de temps à Elora les épouvantables incidents de deux jours longs comme deux siècles.

Ainsi, après notre mort, si Dieu nous envoyait tout à coup dans une de ces terres qui portent un anneau comme des veuves du soleil, ou qui sont éclairées par des étoiles couleur de rubis ou d'émeraude, nous oublierions dans l'ivresse du spectacle révélé nos plus récentes misères de ce monde ; un seul souvenir nous resterait vaguement au fond du cœur pour éclater plus tard, la flamme de quelque amour terrestre, flamme que rien ne peut éteindre, pas même le spectacle d'une planète annulaire ou d'un monde nouveau éclairé par deux soleils d'iris.

La jeune femme de Maurice ne gardait que son amour en arrivant sur cette terre nouvelle du Port-Natal.

Le cottage que choisit Maurice pour en faire son habitation est situé dans le voisinage du port; il est entouré de maisons charmantes où vivent des familles de marins qui se sont façonnés aux habitudes de la terre, mais qui se plaisent toujours au spectacle de cet Océan qui leur a donné la richesse, une vie émouvante et la santé.

En tout pays du monde, les marins sont des hommes de bien par excellence, et la plus farouche misanthropie devrait faire une exception en leur faveur dans ses anathèmes contre l'humanité. Elora et Maurice trouvèrent tout de suite de vieux amis dans ces voisins d'un jour. Tous les serviteurs de *Paradise-Natal* vinrent rejoindre leurs maîtres au cottage du port. Au fond d'un vaste jardin, on décrivit en rond un large clos à claires-voies pour loger convenablement le favori Nabab, ce génie protecteur d'Elora.

Cependant la justice, dont rien n'arrête le cours,

instruisit l'affaire criminelle d'Adriacen et de l'aventurier son complice.

Il y eut encore là quelques mauvais jours à traverser. Maurice fit tout ses efforts et proposa tous les sacrifices pour arrêter les poursuites ; mais les juges et les avocats de Cap-Town, qui ont si peu d'occasions de gagner leurs honoraires et de pratiquer l'éloquence, restèrent sourds à toutes propositions d'arrangement.

Maurice se vit contraint à quitter sa femme pour déposer comme témoin principal. Bernardin comparut à la barre du tribunal colonial, et se défendit lui-même sans bégayer. L'*attorney general* fit un réquisitoire très-incomplet, car Maurice avait laissé dans sa plainte bien des choses dans l'ombre. Pourtant, ce qui fut mis au jour demandait une grave condamnation.

Le coupable tressaillit de joie en entendant un arrêt qui l'envoyait à Botany-Bay pour dix ans.

— Messieurs les juges, dit-il, cela devrait enfin servir de leçon à ceux qui écrivent des lettres compromettantes et à ceux qui les gardent. Eh bien ! rien ne sert de leçon aux coupables : ils écriront toujours des lettres à des complices, et les complices les garderont toujours. Dieu le veut ainsi.

Cette courte allocution produisit un bon effet.

Le président prit la parole et dit au condamné :

— La justice a été tolérante à votre égard, et voici pourquoi : vous auriez pu faire votre crime plus grand, et vous avez reculé devant le sang versé. Cela indique chez vous une nature perverse, mais corrigible. Vous avez un germe qui peut encore porter de bons fruits ; il y a un côté bon dans la masse de vos mauvais instincts, et un jour vous pourrez vous servir de cette éclaircie lumineuse pour marcher à votre réhabilitation. Vous travaillerez dix ans, à la sueur de votre front, sur le chantier des coupables. Ce temps expiré, la société vous absoudra du crime, et Dieu, dont vous venez de prononcer le nom, vous a déjà peut-être absous, si vous avez prononcé la prière du repentir. Votre intelligence, présent du ciel, vous a servi pour le mal ; elle vous servira pour le bien. Bien d'autres sont entrés, comme vous, à Botany-Bay avec la honte sur le front, et ils en sont sortis avec l'espérance dans le cœur. Ce chantier est le purgatoire de la terre : vous avez de bons exemples à suivre parmi ceux qui vous ont précédé. Ce sont des criminels réhabilités qui ont défriché, dans le voisinage de Botany-Bay, les terrains vierges de la Nouvelle-Galles, les atterrages de la baie de Jarvis et les belles plaines arrosées par la rivière Lachlan. Dix ans de travail transforment un homme. Allez à votre peine sous les bonnes inspirations de ce moment, et cette fortune dont vous êtes avide, cette fortune que vous avez voulu arracher à autrui par le crime, vous pouvez la conquérir noblement un jour par l'honnêteté.

Le jeune condamné regardait, avec des yeux baignés de larmes, ce juge à cheveux blancs qui lui parlait comme un père. Le germe des bons instincts s'épanouit tout à coup dans l'âme de l'aventurier.

— Oui, dit-il en étendant la main, voilà le langage qu'un juge doit tenir aux coupables. Vous m'avez donné un avenir, j'espère en moi. Le désespoir n'habite que l'enfer.

Maurice, tout ému des paroles du juge, s'approcha de Bernardin et lui dit:

— Moi, je vous pardonne, et, retenez bien ce que je vous dis aujourd'hui, dans dix ans, lorsque vous serez purifié par la peine et le repentir, écrivez-moi de Sidney, et je vous enverrai les fonds nécessaires pour créer une plantation à la presqu'île d'York, dans le golfe de Spencer. C'est un pays que j'aime beaucoup.

Bernardin n'osa pas serrer la main de Maurice; il remercia par des larmes et un geste d'adieu.

Aujourd'hui, quand les navires serrent de près la côte où fut *Paradise-Natal,* les passagers distinguent, au milieu d'un massif de tamaris, au bord de la mer, une haute tombe surmontée d'une croix.

Là repose Liétor Adriacen.

Un prêtre de la Propagande a béni son cadavre et prié pour lui. Son agonie ayant été longue, le coupable a trouvé assez de temps pour se repentir. Un mot suffit, prononcé par la bouche et parti du cœur.

Entre autres enseignements qui peuvent se déduire de cette histoire, il en est un attaché comme une épitaphe à la tombe de Liétor Adriacen.

Des passagers qui longent la côte du Natal et s'en vont tenter la fortune aux Indes n'aperçoivent plus aujourd'hui le doux et riant paysage de *Paradise-Natal* ; ils découvrent au contraire une tombe, ils entendent une voix funèbre, ils écoutent une leçon.

Dans nos villes civilisées d'Europe, la pensée criminelle recule bien des fois devant une justice visible, une autorité vengeresse, un ministère public protecteur de la société ; mais sur ces terres lointaines, dans ces déserts sauvages où de hardis colons aventurent leurs vies et leurs familles, où est la protection, la défense, la sécurité ?

Le crime peut se croire à son aise, quand la main

vengeresse est absente. Eh bien ! le crime se trompe. L'œil de Dieu est ouvert sur les solitaires du désert comme sur la foule des villes. La Providence veille spécialement sur les abandonnés ; elle leur suscite des protecteurs mystérieux, comme aux anciens jours elle envoyait des oiseaux du ciel et des bêtes fauves du désert pour donner du pain aux anachorètes, ou creuser leur tombe dans la Thébaïde du Nil.

FIN DU PARADIS TERRESTRE

LE
NAUFRAGE DU DUROC

Quand la vérité prend la peine de se faire romanesque, elle arrive à une limite d'intérêt inaccessible pour la fiction. Bien plus ; le conteur le plus inventif ne trouvera jamais, dans les habiles combinaisons de ses péripéties, ce que le hasard ou la Providence fournissent aux archives de l'histoire, dans certains cas très-rares et privilégiés. Inventez une narration de naufrage, un drame océanien, une infortune maritime, c'est-à-dire tout ce qu'il y a de plus émouvant sous le soleil des tropiques, vous ne trouverez jamais la poignante réalité de la catastrophe du *Duroc*.

Le Duroc, après un beau voyage de circumnavigation, fit relâche au port français de la Nouvelle-Calédonie, et reprit la mer pour faire voile vers le détroit de Torrès et Java. Cinq jours après, le 13 août 1856, à quatre heures cinquante minutes du matin, bien avant le crépuscule, *le Duroc* échoua sur un banc de récifs à fleur d'eau.

L'enseigne, M. Madeleine, était au banc de quart. De plus expérimentés auraient pu être aussi malheureux, car on n'a point encore relevé sur une carte spéciale les nombreux écueils de cette mer à laquelle le corail donne son nom, et, ceci est mon opinion isolée, quand même on aurait une carte marine complète aujourd'hui, l'incessant travail de cette mer trop féconde soulèverait demain des bancs de coraux de formation nouvelle, qui mettraient en péril les navires. On ne peut donc imputer à aucune imprévoyance le naufrage du *Duroc*. Peut-être Dieu veut-il que, dans les époques d'égoïsme et d'intérêts matériels, survienne un incident qui réconcilie l'homme avec l'homme et prouve, l'occasion offerte, que l'humanité présente vaut mieux que sa réputation, et garde les traditions des nobles courages et des grandes vertus.

Cet épouvantable naufrage se consomme en plein Océan, sur un désert sans limites, où chaque goutte d'eau semble le point central d'un cercle démesuré. Aux premières lueurs du jour, on n'aperçoit autour du vaisseau qu'une mer infinie ; tout espoir d'aborder sur un rivage quelconque est perdu ; l'écueil lui-même est un roc invisible ; la pointe d'un pic sous-marin a cloué *le Duroc,* loin de tout refuge, sur l'immensité de l'Océan.

Le crépuscule est court dans les régions tropicales. La lumière venue, on aperçoit un salut pire que la mort : c'est un îlot plat, un grain de sable corailleux, un atome toujours menacé de l'inondation. Malgré les erreurs de gisement commises par les cartes, le commandant du *Duroc,* M. de la Vayssière de Lavergne, suppose que cet îlot est celui qui porte le nom de *Mellish.*

Tout le monde est sur le pont comme pour une bataille navale, car il s'agit de vaincre le plus terrible des ennemis, un invisible rocher de l'Océan. Les yeux de l'équipage sont fixés sur le capitaine, et celui-là est un homme de forte trempe, un de ces nobles stoïciens qui gardent une figure impassible au milieu des périls suprêmes, et, par une heureuse contagion, donnent l'énergie morale aux plus découragés. A côté du capitaine, une jeune femme est debout : c'est madame de la Vayssière de Lavergne; elle est faite à l'image de son mari; elle est déjà prête à tout subir, sans montrer la moindre faiblesse, même la plus légitime, celle qui vient du cœur maternel : un ange de quatre ans, sa jolie petite fille Rosita, dort dans ses bras; elle n'a pas achevé sur son hamac son sommeil d'enfant; elle le continue au milieu des horreurs du naufrage, sous les ailes d'un frère invisible, un ange du ciel.

Le soleil, cet égoïste sublime, regarde seul ce tableau. Un grain de roc, une planche de bois, une famille de marins, et pour cadre le cercle de l'océan du Sud, l'infini.

Les vagues ont envahi *le Duroc* par la large crevasse de la quille: on reconnaît qu'il sera impossible de le remettre à flot; il faut donc songer au seul refuge offert par la Providence, l'îlot de Mellish. Un livre plus complet que ce court récit, dira tous les prodigieux efforts tentés par M. de la Veyssière pour dégager son navire, depuis la rencontre de l'écueil jusqu'au moment où on désespéra du *Duroc*. A cette première phase du drame, hâtons-nous de mentionner un signalé service rendu par un jeune officier, M. Emmanuel Éveillard, un enseigne de vingt-cinq ans, né ingénieur. Avec l'aide de peu d'hommes, il a enlevé les mâts du *Duroc*, sans toucher à leurs racines; il les a conservés intacts, sans recourir à la hache et à la scie, selon les procédés anciens.

Les trois embarcations du *Duroc* se mirent ensuite en mer, sous la conduite de M. Madeleine, enseigne, et commencèrent un voyage sans espoir, un voyage de 800 lieues marines, pour trouver une côte hospitalière, annoncer le naufrage du *Duroc*, et réclamer un secours, attendu par trente et un naufragés abandonnés sur le grain de sable de Mellish.

Pour donner une idée de l'étendue de cet îlot sur lequel ces trente et un naufragés vont passer cinquante-deux jours, il suffira de dire qu'à la distance de 100 mètres, en mer, si un navire eût passé, l'équipage aurait cru voir le plus étrange des spectacles : une réunion d'hommes debout, et marchant sur les vagues de la mer, car à cette distance le sol de soutien disparaissait complétement.

L'héroïne sur laquelle l'intérêt du drame va se concentrer est cette angélique petite fille de quatre ans, l'adorable Rosita. Le bonheur, qui me visite parfois, m'a donné la chance de voir souvent Rosita, dans ces derniers quinze jours. J'ai eu même l'honneur de dîner avec elle et de baiser sa petite main ; eh bien, toutes les fois que l'ai vue, je l'ai replacée, en imagination, dans les scènes affreuses qui ont commencé sa vie ; mes yeux n'ont jamais pu se détacher de cette enfant de miracle dont l'innocence a plaidé pour tant d'hommes aux assises de la mort : je la suis dans tous ses mouvements, ses jeux, ses courses, ses espiègleries, et toujours la voix de l'océan Indien, le tumulte du naufrage, le fracas de la tempête, accompagnent ses joyeux éclats de rire, dans un salon du faubourg Saint-Germain. L'autre jour, j'ai vu couler ses larmes, et, cette fois seulement, le cadre accoutumé dont je l'entoure a disparu ; je n'ai vu, je n'ai entendu que ses larmes. Elle pleurait, cette charmante Rosita, et savez-vous pourquoi ? jamais vous ne devineriez la cause de sa douleur. Elle ne pleurait pas quand la mer et la foudre hurlaient à son oreille ; quand son petit pied pouvait faire sombrer le grain de sable de Mellish ; elle a pleuré hier, parce qu'une femme inconnue l'a mise sur ses genoux ; elle a demandé sa mère à grands cris, cette bonne mère qui, pendant trois mois, l'a défendue contre l'Océan, et lorsque Mme de la Vayssière l'a reprise, Rosita est redevenue tout à coup joyeuse ; on lui avait rendu la douce étreinte des bras maternels.

Elle était joyeuse aussi lorsqu'elle s'élança sur l'îlot de Mellish, sous la protection de sa mère. Quel bonheur pour l'enfant de pouvoir folâtrer sur un banc de sable baigné par des vagues de saphir, et tout rempli d'oiseaux de mer qui s'envolaient à son approche ! En courant après les oiseaux, elle trouva une foule de nids dans les crevasses corailleuses. Quelle bonne fortune ! voilà un séjour délicieux, l'Éden rêvé par l'enfance ! Elle se mit alors à cueillir des nids, elle en remplit son tablier, et sa première idée fut celle-ci : — Comme papa sera content, quand je vais lui montrer tant de petits oiseaux !... En ce moment, le brave capitaine descendait, le dernier, du pont de son navire et se dirigeait vers l'îlot, avec le désespoir au fond du cœur et l'impassibilité dans le regard. La petite Rosita, chargée de son butin, arrive en sautillant et lui montre les nids pour lui faire partager sa joie. M. de la Vayssière se donne le plus gracieux des sourires, examine le trésor contenu dans le tablier, embrasse sa fille, et va porter la consolation à ses subalternes, devenus ses compagnons par la faveur de l'infortune.

Il prit possession de l'îlot de Mellish au nom de la France, comme un conquérant heureux, et planta sur la rive de corail le drapeau du *Duroc*, le drapeau de la France, celui qui ne naufrage jamais. Là où flotte ce drapeau, là est la France. L'écueil devient alors une colonie et prend une inscription d'honneur sur la carte du monde. Le vaisseau de l'étranger qui passe salue alors le grain de sable, comme il ferait devant les môles de Brest, de Cherbourg, de Rochefort et de Toulon.

On avait emporté du *Duroc* tout ce que la mer avait permis de prendre, mais les marins songèrent avant tout à mettre en réserve ce qui pouvait être utile ou agréable à Mme de la Vayssière de Lavergne ; de simples matelots gardaient les traditions de la galanterie française, sur la dernière planche d'un navire, dans un jour qui devait être pour eux sans lendemain. Un de ces nobles cœurs sauva une épave précieuse, c'était un miroir, et il l'apporta respectueusement à la jeune commandante. D'autres eurent l'idée de faire un présent d'un autre genre aux deux naufragés, et, on ne sait ce que l'on doit le plus louer ici, ou de l'intelligence ou du dévouement. Au port français de la Nouvelle-Calédonie, un colon avait donné à Mme de la Vayssière une chèvre, très-jolie, et de bonne race nourricière. A bord du *Duroc*, Rosita jouait avec cette amie, et en recevait un lait excellent. Les matelots résolurent de s'emparer de la chèvre, et de la rendre à Rosita. La chose n'était pas facile, car au milieu de l'affreux désordre causé par le naufrage, la pauvre petite bête, devenue très-farouche, se dérobait aux poursuites amicales des chasseurs. Enfin, on s'en rendit maître, et la chèvre fut embarquée sur un canot lilliputien, un vrai joujou d'enfant. Pour conduire la chèvre à l'îlot, il fallait ramer dans de petits détroits formés par des écueils de corail à fleur d'eau, et peuplés de requins. Deux de ces tigres de mer s'acharnèrent contre le canot en le retenant avec leurs mâchoires, la chèvre était l'objet de leur convoitise. On devine sans peine tous les efforts tentés par les marins pour repousser à coups de gaffe les monstres voraces, et sauver la chèvre nourricière; par malheur, le pauvre animal dominé par la terreur saute dans la mer, se livrant ainsi à la mort pour l'éviter. On le voyait bondir d'écueil en écueil, traverser les petits détroits à la nage, paraître et disparaître au même instant, et toujours poursuivi par les requins, dont la présence se révélait sous un sillon d'écume. Les marins se munirent d'armes, et oubliant leur naufrage, leur position affreuse, et l'îlot prêt à se changer en tombe, ils se mirent à la poursuite des requins, pour sauver la chèvre des deux naufragées. Cette distraction emprunte à la circonstance quelque chose de sublime ; c'est du français tout pur. Hélas ! les chèvres ont leurs destinées aussi ; il était dit que l'océan Indien verrait une chose assez fréquente sur terre : l'innocence victime de la scélératesse. Un sillon de sang annonça une mort, mais provoqua une vengeance. Les marins s'acharnèrent à leur tour contre les deux monstres, et les tuèrent après des fatigues inouïes. On éventra leurs cadavres, on retira de leurs gueules les pieds de la pauvre chèvre, et on apporta ces sanglantes preuves du châtiment à Mme de la Vayssière, qui récompensa au delà de toute espérance ces hommes si dévoués, en leur serrant affectueusement les mains, quand ses yeux étaient baignés des précieuses larmes de l'émotion.

L'autre jour, lorsque Mme de la Vayssière de Lavergne m'a raconté cet épisode d'un drame de mer, je me suis rappelé, je ne sais trop pourquoi, un autre récit qui me fut fait par le brave Donnadieu, garde-aigle du vaisseau amiral *le Bucentaure* ; il s'agissait de Cosmao, commandant du *Pluton*, et de son brillant fait d'armes le lendemain de Trafalgar. Ces deux récits, à vingt-cinq ans d'intervalle m'ont donné la même émotion.

Ce qu'il faut admirer maintenant, c'est l'ordre et la discipline établis par M. de la Vayssière, dans cette petite colonie de naufragés, sur l'îlot de Mellish. La loi garde son autorité comme à bord du *Duroc*; l'extrême malheur n'a délié personne de son devoir. On a organisé le naufrage. Le salut commun est dans la pensée de tous, et chacun se soumet aux nouvelles exigences de la situation. La voix d'un chef digne de toute confiance est écoutée comme la voix de Dieu. On dresse les tentes pour les matelots, les officiers et la famille du commandant : ce sont des abris contre les intolérables ardeurs du soleil. On établit un chantier et de petites usines ; le besoin crée des inventions ; il s'agit de construire un canot assez fort pour contenir trente et un passagers, et les conduire au port marqué sur la carte par la Providence. Ce travail, si simple dans un arsenal de nos ports maritimes, se complique de mille difficultés sur un écueil, où tout manque, où la moindre chose demande une bonne inspiration au besoin industrieux.

Malheureusement le travail veut être soutenu par la vigueur du corps, et la défaillance arrive bientôt quand la faim et la soif ne sont pas satisfaites sur un chantier arrosé de sueurs. La ration, cet aliment ironique, l'eau de mer adoucie, ce rafraîchissement incendiaire, sont de pauvres ressources pour des estomacs de marins excités par les brises de l'Océan. A dix heures, un morceau de viande salée et un tronçon de biscuit habité par des vers ; à six heures, même repas. Régime qui mène droit au scorbut. Point de tabac, ce consolateur du marin ; pas une seule de ces fraîches gouttes d'eau que demande le damné ; pas même la ressource de ces bains de mer, qui sont la joie des zones ardentes, car l'îlot est bloqué par des requins. Et pourtant, sous l'accablement de ces privations et dans cette atmosphère de feu, il faut travailler sans relâche ; la vie de tous dépend peut-être d'une heure perdue. Elle va venir, la redoutable saison où l'Océan monte et submerge ce grain de corail qu'on appelle Mellish ; il faut donc se hâter sur ce chantier de construction pour éviter une mort qui se présente sous toutes les formes et dans des conditions de terreur qui donnent le frisson aux plus braves. Toutes les mains sont à l'œuvre, et le soleil est au zénith, et les têtes brûlent, les lèvres se dessèchent, les poumons manquent d'air, les estomacs sont déchirés par la famine; il faut travailler, il faut quitter cet îlot du désespoir, il faut rapporter le drapeau de la France; il faut sauver la vie à cette jeune femme, qui ne la demande pas pour elle, mais pour son enfant. Eh bien! l'énergie sera indomptable, elle supprimera l'impossible; le travail sera plus opiniâtre encore sous les vifs aiguillons de la soif et de la faim. Dieu achève le secours quand l'homme le commence. La foi dans le salut, c'est déjà le salut.

On citera un jour tous ceux qui ont bien mérité du drapeau de la France sur cet îlot assiégé par l'Océan; dans le bref récit d'aujourd'hui, il faut se borner à quelques noms. Au reste, on peut dire que tous ont fait leur devoir, selon les degrés relatifs des intelligences et des forces. Mme de la Vayssière a prononcé, l'autre jour, un nom de marin, le nom de Givaudan, et je me suis permis d'adresser une question respectueuse à l'héroïne de Mellish sur cet homme qui avait l'honneur insigne d'être cité par elle. Ma curiosité fut bientôt satisfaite. Givaudan, dont le nom a paru dans le *Moniteur* du 23 juin, à l'article des récompenses, est encore un ingénieur naturel ; seul naufragé sur une île déserte, il eût été Robinson, ou Thomas Selkirk : rien ne l'embarrasse ; il trouve tout sous sa main, quand tout lui manque ; il crée l'équivalent de la chose absente ; si le nécessaire lui fait défaut, il le remplace en inventant le superflu. A Mellish, Givaudan s'était dévoué au service de la forge ! Cela fait frémir le Nord en masse ; 40 degrés de chaleur, et la forge comme supplément, et on arrive à *cet épouvantable maximum* de température dont parle M. de Humboldt, dans son *Voyage aux terres équinoxiales*. Au milieu de cette atmosphère de soleil et de feu, Givaudan travaillait avec joie, comme s'il eût fait un bon repas, dans un frais hangar de forgeron, sur les bords de la Seine, devant un massif de marronniers et de tilleuls. Or, avec des éléments de fabrication complétement incomplets, avec les ressources imaginaires de Robinson Crusoé, il est parvenu à faire six mille clous de cuivre, une énorme quantité de pitons, de boulons, de supports, et, chose plus merveilleuse, une ancre! une véritable ancre d'espérance, celle-là, et son nom n'a pas menti.

François Robert, matelot de deuxième classe, également mentionné dans le *Moniteur* du 23 juin, est encore un homme né pour les aventures et les naufrages. C'est un athlète plein de courage et de vigueur, un bon marin assez enclin aux équipées de maraude en terre sauvage, mais dévoué de cœur et d'âme à son commandant de la Vayssière, et prêt à se jeter à l'eau ou au feu pour lui. Par malheur, les hommes doués de cette taille et de cette force ont des appétits de géants et supportent mal le régime de la ration en temps de famine. Milon de Crotone, qui tuait d'un coup de poing un bœuf et le mangeait, aurait vécu peu longtemps avec une moitié de biscuit, et les Argonautes se virent contraints à débarquer Hercule, parce que ce héros dévorait toutes les provisions du navire. François Robert appartient à cette race homérique. Eh bien! le génie de l'invention gastronomique est né avec lui; il a créé des plats, lorsqu'il a été démontré que les requins rendaient la pêche impossible, et que les oiseaux de mer nommés *fous* rendaient malades ceux qui en mangeaient. Robert a découvert des mets plus originaux et plus sains. L'îlot de Mellish n'a pas un brin d'herbe, mais on y trouve çà et là des mousses à racines. Robert les cueillait, les façonnait proprement avec son couteau, et les faisait frire dans l'huile de la chaudière; puis, comme luxe, il se donnait une friture faite avec les copeaux de la menuiserie. Avec la ration, ces deux plats lui composaient deux festins par jour, et il s'en trouvait fort bien. Oh! comme il a raison le grand Shakespeare, lorsqu'il mêle le rire aux sinistres lamentations de ses drames! On riait sur l'îlot de Mellish, quand Robert inventait joyeusement ses fritures; on riait même aux éclats, aux lugubres veillées du soir, lorsqu'un gai matelot racontait pittoresquement la scène des petits cochons, qui, au moment du naufrage, s'étaient grisés, sous une barrique de vin défoncée, et, couchés sur le dos, regardaient dans la béatitude de l'ivresse l'épouvantable désastre, éclairé par le soleil levant. Et la charmante petite Rosita, l'enfant au sourire d'ange, a-t-elle aussi donné des moments de gaieté aux pauvres marins, lorsque nommée *caporal* sur le champ de bataille, et fière de ses galons, elle passait devant les travailleurs avec la grâce d'une reine espagnole de quatre ans ! Étonnez-vous ensuite, quand le poëte déride vos fronts dans les fatales péripéties d'*Hamlet* et d'*Othello !* Le rire est le rayon céleste que Dieu donne au malheur.

On a passé cinquante-deux jours sur l'îlot de Mellish. Je suis obligé de me servir de cette expression de calendrier pour désigner l'espace de temps séculaire que les naufragés ont dévoré au milieu de l'Océan. La peine ou le plaisir font perdre au temps sa valeur mathématique. Le canot est terminé : les sueurs qui ont coulé autour de lui auraient pu le mettre à flot. L'aube du départ vient de luire. Tous les yeux sont fixés sur le commandant, dont la sérénité joyeuse paraît d'un bon augure. Toutefois, les matelots, qui ont toujours la vertu des nobles superstitions, veulent se rendre l'Océan propice par toute sorte de moyens, traités de ridicules par les sceptiques terrestres qui ont le mal de mer.

On donna d'abord au canot l'heureux nom de *la Délivrance* ; c'est beaucoup déjà, un nom heureux.

Puis, les matelots demandèrent à Mme de la Vayssière les fleurs de son chapeau, pour les suspendre au canot de sauvetage. Pauvres fleurs ! elles étaient dévastées par la pluie, le soleil, l'ouragan, et pourtant elles paraissaient plus belles que les fleurs qui ornent la chevelure des femmes sous le lustre d'un bal ! L'écrin de Rosita fut aussi mis à contribution ; ce n'était pas une pierre précieuse que les marins demandaient à la belle enfant, c'était une médaille à l'effigie de la madone, et Rosita la donna de grand cœur, mais à une condition expresse et charmante de naïveté : on devait s'engager à lui rendre cette relique en arrivant au port. La promesse fut faite, et des sourires tristes l'accompagnèrent. Une planche chargée de trente-trois passagers allait traverser la plus grande des mers, et tenter tous les périls connus et inconnus. Si les marins rendaient la médaille à Rosita, la Providence avait fait un miracle en faveur d'une enfant.

M. de la Vayssière de Lavergne connaissait mieux que personne tous les périls de cette longue traversée, il savait le nombre des navires de haut bord qui ont sombré sur ces parages, mais il était placé dans un dilemme impérieux sans troisième issue : la mort certaine dans l'îlot, le salut probable dans le voyage. En avant donc, et à la garde de Dieu !

Un amiral sur son banc de quart n'a jamais paru plus grand à des yeux de marins, que le commandant du *Duroc* debout à l'arrière de son canot, et abandonnant l'îlot de Mellish. L'équipage se disposa résolûment à se montrer digne de son chef.

Toutes les mortelles horreurs que l'homme peut supporter sans mourir attendaient les naufragés du *Duroc* sur le canot *la Délivrance*. Ce duel de vingt-huit jours, ce duel d'un atome de bois et de l'Océan est une des choses les plus merveilleuses de 'histoire maritime. L'homme, cette frêle créature, prend ici des proportions surnaturelles, et se fait reconnaître comme l'œuvre chère à Dieu. L'imagination, qui peut assister aux spectacles les plus lointains, s'effraye en suivant cette coquille de noix perdue au centre des vagues infinies, et voguant, sous la conduite des étoiles et du soleil, avec trente naufragés agonisants, tous épuisés par la faim, la soif, l'insomnie, et assistant chaque matin à leur résurrection. Leurs yeux se lassent d'interroger le cercle de l'horizon pour y découvrir un navire ; l'Océan est toujours désert ; aucune voile ne blanchit au soleil, sur le saphir ou sur l'écume de cette immense route du pôle. Un jour le calme plat de l'équateur arrête le canot, l'incruste sur l'eau, et lui donne l'immobilité d'une île. Les passagers jettent à la mer des tiges de bois, et cette expérience alarmante donne le frisson du désespoir : ces tiges gardent la place où elles sont tombées ; aucun souffle, aucun courant, aucune ride de l'eau ne les agite ; si le soleil n'incendiait pas la mer, on croirait que tout ce qui flotte est soudainement emprisonné par les glaçons, comme dans les voyages au détroit de Behring. Et pourtant la famine devient plus affreuse, les vivres s'épuisent ou se corrompent, ou tombent en une poussière infecte ; l'œil qui les voit se ferme, de peur que la bouche n'ose s'ouvrir pour les dévorer ; l'appareil d'épuration ne donne plus qu'une eau intolérable ; en la buvant on augmente la soif. Si le vent se lève et délivre le canot de sa prison, un autre péril tombe du ciel de l'équateur : c'est un de ces ouragans dont rien ne peut nous donner une idée, à nous, habitants des zones froides ; c'est la coupole démesurée de l'Océan qui s'ouvre partout en livides crevasses, et fait pleuvoir à la fois tous ses tonnerres dans un éclair universel qui ne s'éteint pas, et devient l'épouvantable jour de la nuit. Alors la frêle barque des naufragés s'avance au hasard dans un tourbillon de losanges de feu, sur une mer criblée par la foudre à la pointe de toutes ses vagues. Parfois, quelques gouttes de pluie tombent sur les naufragés ; alors il y a là une tendre mère qui, lorsque la création semble s'écrouler dans une tempête de feu, ne voit que sa fille endormie du sommeil des anges, et met tout son souci à recueillir cette eau précieuse, ce trésor de pluie qui rafraîchira les lèvres de l'enfant à son réveil. Puis au moment où le dernier tonnerre s'est éteint sur les vagues plus calmes, un nouveau péril, et le plus terrible, menace d'engloutir le canot *la Délivrance :* une voie d'eau s'est faite à la quille ; l'Océan a ouvert la brèche et envahit le pont ; le canot s'engouffre, ses bordages sont au-dessous du niveau de la mer. Il faut tenter un effort impossible ; il faut que la pompe, fonctionnant sous la main d'un seul homme, sur un point où il n'y a place que pour deux bras, rejette hors du bord les eaux envahissantes. Le commandant a fait un signe, et le brave matelot Robert est déjà au poste de sauvetage ; il tient le fer de la pompe ; mais voici le comble de la misère fatale ! l'instrument sauveur ne fonctionne pas ; la force de l'athlète s'épuise et ne peut mouvoir des ressorts mystérieusement détraqués ; et la mer monte toujours ! On est à deux cents lieues de Timor, et les côtes les plus voisines sont peuplées de sauvages. Robert fouille, cherche et trouve... un linge obstruait le tuyau de la pompe ; les ressorts reprennent leur liberté. L'énergie acharnée d'un seul homme chasse l'eau de la barque ; Robert ne quitte plus la pompe ; il lutte jour et nuit contre les nouveaux envahissements des vagues ; il les refoule dans leur lit à chaque assaut ; il crie à la mer, lui aussi : « Tu n'iras pas plus loin ! » Le regard du chef aimé soutient la force expirante de l'Hercule ; encore un effort de ses bras, et la vie de tous est sauve ; l'horizon se fait hospitalier : voici le détroit de Torrès ; voici le cap australien de la terre de Carpentarie ; l'air qui souffle de l'Inde européenne rallume la flamme vitale dans les corps éteints ; le parfum de

Java ressuscite les cadavres; voilà Timor avec ses côtes périlleuses; après l'Océan vaincu voilà les cannibales; le dernier salut est dans l'heureuse direction de la barre du gouvernail; le commandant a la main sûre; il veille; le canot aborde à Coupang, où flotte le pavillon hospitalier de la Hollande. Un cri de joie salue la vie. Voilà le port.

Mme de la Vayssière de Lavergne, qui avait supporté avec un héroïsme sans exemple tous les accablements de ce drame de trois mois, perdit sa force en touchant la terre de salut. Ce que cette femme a souffert, les mères seules le comprendront. Les matelots ont rendu la médaille à Rosita.

FIN

TABLE

Pages.

DÉDICACE...	1
PRÉFACE..	3
I. — A bord...	25
II. — Liétor et Bernardin...........................	39
III. — Paradise-Natal	51
IV. — Le serpent	61
V. — Le naufrage	78
VI. — Un nouveau personnage.........................	90
VII. — La confidence................................	108
VIII. — Entre complices.............................	121

		Pages.
IX.	— Contre-partie...........................	137
X.	— Le plan s'exécute.......................	145
XI.	— Où le meilleur plan échoue...............	165
XII.	— Nouvelle complicité......................	181
XIII.	— Nouvelle complicité (suite)...............	195
XIV.	— L'éléphant Nabab	205
XV.	— Ce que Bernardin n'attendait pas...........	208
XVI.	— Nouvelle vie...........................	233
Le Naufrage du Duroc................................		233

LIBRAIRIE NOUVELLE, boulevard des Italiens, 15, A PARIS

A. BOURDILLIAT ET Cᵉ, ÉDITEURS

OEUVRES COMPLÈTES
DE
H. DE BALZAC

Nouvelle édition, complétement terminée, en 45 vol. à **1** fr. le vol.

Nous ne ferons pas ici l'éloge de Balzac. D'abord, cette tâche n'est pas la nôtre, et puis il semble que cette renommée, qui grandit chaque jour, soit également au-dessus de la louange et de la critique. Nous parlerons seulement de la nouvelle édition que nous offrons au public, — édition d'un mérite déjà exceptionnel par son bon marché et par les soins apportés dans la correction du texte et dans la fabrication des volumes, et, en outre, la plus complète qu'on ait publiée jusqu'ici, et la seule scrupuleusement classée suivant les dernières indications de l'auteur.

Les œuvres que Balzac a désignées sous le titre de :

Comédie humaine, forment dans notre édition.. 40 vol.
Les Contes drôlatiques...................... 3 vol.
Le Théâtre, la seule édition complète........... 2 vol.

Chacun de ces quarante-cinq volumes, dont nous donnons ci-dessous la nomenclature, se vend séparément **un franc**. Toutes les demandes de 10 volumes et au-dessus seront adressées *franco* à toute personne qui en enverra le prix, soit en mandat sur la poste ou à vue sur Paris, soit en timbres-poste. Ajouter 10 centimes par volume pour les demandes qui n'atteindront pas 10 volumes.

CLASSIFICATION D'APRÈS LES INDICATIONS DE L'AUTEUR :

COMÉDIE HUMAINE

Scènes de la Vie privée.

1ᵉʳ volume.

LA MAISON DU CHAT QUI PELOTE........ ⎫
LE BAL DE SCEAUX........ ⎪
LA BOURSE.............. ⎬ 1 vol.
LA VENDETTA........... ⎪
MADAME FIRMIANI....... ⎪
UNE DOUBLE FAMILLE.... ⎭

2ᵉ volume.

LA PAIX DU MÉNAGE..... ⎫
LA FAUSSE MAITRESSE.... ⎪
ÉTUDE DE FEMME........ ⎬ 1 vol.
AUTRE ÉTUDE DE FEMME.. ⎪
LA GRANDE BRETÈCHE.... ⎪
ALBERT SAVARUS........ ⎭

3e volume.

MÉMOIRES DE DEUX JEUNES MARIÉES .... } 1 vol.
UNE FILLE D'ÈVE ....

4e volume.

LA FEMME DE TRENTE ANS.
LA FEMME ABANDONNÉE ..
LA GRENADIÈRE.......... } 1 vol.
LE MESSAGE.............
GOBSECK...............

5e volume.

LE CONTRAT DE MARIAGE.. } 1 vol.
UN DÉBUT DANS LA VIE ...

6e volume.

MODESTE MIGNON .... 1 vol.

7e volume.

BÉATRIX .... 1 vol.

8e volume.

HONORINE...............
LE COLONEL CHABERT.....
LA MESSE DE L'ATHÉE .... } 1 vol.
L'INTERDICTION.........
PIERRE GRASSOU.........

Scènes de la Vie de province.

9e volume.

URSULE MIROUET .... 1 vol.

10e volume.

EUGÉNIE GRANDET........ 1 vol.

11e volume.

LES CÉLIBATAIRES. I
PIERRETTE .... } 1 vol.
LE CURÉ DE TOURS ......

12e volume.

LES CÉLIBATAIRES. II
UN MÉNAGE DE GARÇON... } 1 vol.

13e volume.

LES PARISIENS EN PROVINCE.
L'ILLUSTRE GAUDISSART.. } 1 vol.
LA MUSE DU DÉPARTEMENT

14e volume.

LES RIVALITÉS.
LA VIEILLE FILLE........ } 1 vol.
LE CABINET DES ANTIQUES

15e volume.

LE LYS DANS LA VALLÉE... 1 vol.

16e volume.

ILLUSIONS PERDUES. I
LES DEUX POETES........ } 1 vol.
UN GRAND HOMME DE PROVINCE A PARIS, 1re part.

17e volume.

ILLUSIONS PERDUES. II
UN GRAND HOMME DE PROVINCE A PARIS, 2e partie. } 1 vol.
ÈVE ET DAVID ....

Scènes de la Vie parisienne.

18e volume.

SPLENDEURS ET MISÈRES DES COURTISANES.
ESTHER HEUREUSE........
A COMBIEN L'AMOUR REVIENT AUX VIEILLARDS.. } 1 vol.
OU MÈNENT LES MAUVAIS CHEMINS ....

19e volume.

LA DERNIÈRE INCARNATION DE VAUTRIN ....
UN PRINCE DE LA BOHÈME.
UN HOMME D'AFFAIRES.... } 1 vol.
GAUDISSART II...........
LES COMÉDIENS SANS LE SAVOIR ....

20e volume.

HISTOIRE DES TREIZE.
FERRAGUS............... } 1 vol
LA DUCHESSE DE LANGEAIS
LA FILLE AUX YEUX D'OR.

21e volume.

LE PÈRE GORIOT......... 1 vol.

22e volume.

CÉSAR BIROTTEAU........ 1 vol.

23ᵉ volume.

- LA MAISON NUCINGEN
- LES SECRETS DE LA PRINCESSE DE CADIGNAN
- LES EMPLOYÉS
- SARRASINE
- FACINO CANE

} 1 vol.

24ᵉ volume.

- LES PARENTS PAUVRES. I
- LA COUSINE BETTE

} 1 vol.

25ᵉ volume.

- LES PARENTS PAUVRES. II
- LE COUSIN PONS

} 1 vol.

Scènes de la Vie politique.

26ᵉ volume.

- UNE TÉNÉBREUSE AFFAIRE.
- UN ÉPISODE SOUS LA TERREUR

} 1 vol.

27ᵉ volume.

- L'ENVERS DE L'HISTOIRE CONTEMPORAINE.
- MADAME DE LA CHANTERIE.
- L'INITIÉ
- Z. MARCAS

} 1 vol.

28ᵉ volume.

- LE DÉPUTÉ D'ARCIS ... 1 vol.

Scènes de la Vie militaire.

29ᵉ volume.

- LES CHOUANS
- UNE PASSION DANS LE DÉSERT

} 1 vol.

Scènes de la Vie de campagne.

30ᵉ volume.

- LE MÉDECIN DE CAMPAGNE 1 vol.

31ᵉ volume.

- LE CURÉ DE VILLAGE ... 1 vol.

32ᵉ volume.

- LES PAYSANS ... 1 vol.

Études philosophiques.

33ᵉ volume.

- LA PEAU DE CHAGRIN ... 1 vol.

34ᵉ volume.

- LA RECHERCHE DE L'ABSOLU
- JÉSUS-CHRIST EN FLANDRE.
- MELMOTH RÉCONCILIÉ
- LE CHEF-D'ŒUVRE INCONNU

} 1 vol.

35ᵉ volume.

- L'ENFANT MAUDIT
- GAMBARA
- MASSIMILA DONI

} 1 vol.

36ᵉ volume.

- LES MARANA
- ADIEU
- LE RÉQUISITIONNAIRE
- EL VERDUGO
- UN DRAME AU BORD DE LA MER
- L'AUBERGE ROUGE
- L'ÉLIXIR DE LONGUE VIE
- MAITRE CORNÉLIUS

} 1 vol.

37ᵉ volume.

- SUR CATHERINE DE MÉDICIS.
- LE MARTYR CALVINISTE
- LA CONFIDENCE DES RUGGIERI
- LES DEUX RÊVES

} 1 vol.

38ᵉ volume.

- LOUIS LAMBERT
- LES PROSCRITS
- SERAPHITA

} 1 vol.

Études analytiques.

39ᵉ volume.

- PHYSIOLOGIE DU MARIAGE. 1 vol.

40ᵉ volume.

- PETITES MISÈRES DE LA VIE CONJUGALE ... 1 vol.

CONTES DROLATIQUES

41ᵉ volume.
1ᵉʳ DIXAIN.
LA BELLE IMPÉRIA........
LE PÉCHÉ VÉNIEL........
LA MYE DU ROY.........
L'HÉRITIER DU DIABLE....
LES JOYEULSETÉS DU ROY LOYS LE UNZIESME.....
LA CONNESTABLE........
LA PUCELLE DE THILHOUZE.
LE FRÈRE D'ARMES.......
LE CURÉ D'AZAY-LE-RIDEAU..............
L'APOSTROPHE..........
} 1 vol.

42ᵉ volume.
2ᵉ DIXAIN.
LES TROIS CLERCS DE SAINCT-NICHOLAS......
LE IEUSNE DE FRANÇOYS PREMIER.............
LES BONS PROUPOS DES RELIGIEUSES DE POISSY.
COMMENT FEUT BASTY LE CHASTEAU D'AZAY......
LA FAULSE COURTIZANE..
LE DANGIER D'ESTRE TROP COCQUEBIN...........
LA CHIERE NUICTÉE D'AMOUR................
LE PROSNE DU JOYEULX CURÉ DE MEUDON......
LE SUCCUBE............
DÉSESPÉRANCE D'AMOUR..
} 1 vol.

43ᵉ volume.
3ᵉ DIXAIN.
PERSÉVÉRANCE D'AMOUR..
D'UNG IUSTICIARD QUI NE SE REMEMBROYT LES CHOUSES..............
SUR LE MOYNE AMADOR, QUI FEUT UN GLORIEUX ABBÉ DE TURPENAY.....
BERTHE LA REPENTIE.....
COMMENT LA BELLE FILLE DE PORTILLON QUINAULDA SON IUGE..........
CY EST REMONSTRÉ QUE LA FORTUNE EST TOUIOURS FEMELLE.............
D'UNG PAOUVRE QUI AVOYT NOM LE VIEULX-PAR-CHEMINS................
DIRES INCONGRUS DE TROIS PÈLERINS.............
NAÏFVETÉ...............
LA BELLE IMPÉRIA MARIÉE.
} 1 vol.

THÉATRE

44ᵉ volume.
VAUTRIN, drame en 5 actes.
LES RESSOURCES DE QUINOLA, comédie en 5 actes et un prologue.........
PAMÉLA GIRAUD, pièce en 5 actes..............
} 1 vol.

45ᵉ volume.
LA MARATRE, drame intime en 5 actes et 8 tableaux..
LE FAISEUR (MERCADET), comédie en 5 actes (entièrement conforme au manuscrit de l'auteur)...
} 1 vol.

Paris. — Imp. de la LIBRAIRIE NOUVELLE, A. Bourdilliat, 15, rue Breda.

COLLECTION DE LA LIBRAIRIE NOUVELLE

à 2 fr. le volume
FORMAT GRAND IN-18 ANGLAIS

VOL.

Alexandre Dumas
Les Compagnons de Jéhu......... 2
L'Art et les Artistes contemporains au Salon de 1859............ 1
Monsieur Coumbes.............. 1

Auguste Maquet
Dettes de Cœur................ 1

Rufini (Lorenzo Benoni)
Mémoires d'un Conspirateur italien. 1

Édouard Gourdon
Louise...................... 1

Eugène de Mirecourt
Confessions de Marion Delorme.. 3

Jules Lecomte
Voyages çà et là............... 1

Louis Jourdan
Les Peintres français........... 1

L'abbé Théobald Mitraud
De la Nature des Sociétés humaines. 1

Eugène Chapus
Les Haltes de chasse........... 1

Yvan et Callery
L'Insurrection en Chine, avec portrait et carte................ 1

Madame Louise Colet
Ce qu'on rêve en aimant, poésies nouvelles................... 1

Henri de Pène
Un mois en Allemagne.—Nauheim. 1

VOL.

Antoine Gandon
Les trente-deux Duels de Jean Gigon...................... 1

Frédéric Béchard
Les Existences déclassées....... 1

Edmond Texier
La Grèce et ses insurrections, avec carte...................... 1

Laurence Oliphant
Voyage pittoresque d'un Anglais en Russie et sur le littoral de la mer Noire et de la mer d'Azof..... 1

Maxime du Camp
Le Nil (Égypte et Nubie), avec carte. 1
Salon de 1859................ 1

Édouard Delessert
Six Semaines dans l'île de Sardaigne, avec deux dessins....... 1

Roger de Beauvoir
Colombes et Couleuvres, poésies nouvelles................... 1

***
Doctrine Saint-Simonienne...... 1

***
Mémoires de Bilboquet......... 1

H. de Barthélemy
La Noblesse en France......... 1

Parmentier
Description topographique de la guerre turco-russe............ 1

Paris. — Imp. de la Librairie Nouvelle, A. Bourdilliat, 15, rue Bréda.

www.ingramcontent.com/pod-product-compliance
Lightning Source LLC
Chambersburg PA
CBHW071133160426
43196CB00011B/1885